「国語有名物語教材」の教材研究と研究授業の組み立て方

向 山 洋 一　監修
平松孝治郎　著

学芸みらい社
GAKUGEI MIRAISHA

はじめに

本書は、国語の有名物語教材の「教材研究」と「研究授業の組み立て方」について述べたものである。物語教材として、四年から『ごんぎつね』、五年から『大造じいさんとガン』『わらぐつの中の神様』、六年から『やまなし』『海の命』を取り上げた。

教材研究では、主に作品の分析のしかたについて述べている。その中でも、作品全体を分析する方法について詳しく説明している。作品をマクロにとらえると言ってもよい。

もちろん、文学作品であるからには、あくまで表現にこだわりたい。一字一句までこだわって読み取りたい。これはマクロに対して、ミクロな迫り方と言ってもよい。

作品全体を大きくとらえる。作品の一字一句までこだわって読み取る。この両方の方法で、教材分析を行った。

ところで、作品全体を分析するためには、分析するためのものさしがいる。コード（解釈規則）と言ってもよい。コードがなければ印象批評や思いつきの分析になってしまう。何となくそう思うとか、ひとりよがりの発想になってしまいがちだ。

コードとは、例えば、設定であり、事件であり、起承転結であり、モチーフであり、クライマックスである。これらの用語を使って作品を分析すれば、作品全体を分析することができるのである。しかも、どの作品にもほぼ同じように適用することができる。

登場人物の気持ちを問うとか、作者の意図を考えるとか、このことについてどう思いますか、などという聞き方は意識的に排除した。

作品を大雑把に読めばわかること、印象だけで答えられることは、国語の授業であえて聞く必要はない。

学校の授業で扱うことは、言葉にこだわること、言葉を検討すること、コードを使って作品を分析することだと考えている。そのような授業を続けていけば、その学習は蓄積され、次の学習に生かされる。このような授業こそ国語の授業にふさわしい。

作品の一字一句にこだわるとは、例えば、「不細工」と「不格好」ではどうちがうのか。「感じた」と「感じたらしい」では、視点がどのようにちがうのか。「興味をもたなかった」と「興味をもてなかった」では、興味のもち方がどのようにちがうのか。「雪げたの中にも」と「雪げたの中には」の「も」と「は」のちがいは何なのか。「かけよってきました」と「かけよっていきました」では、視点がどうちがってくるのか。そのようなことを突き詰めて考えるということだ。

さらに、「ううん」と「ううむ」では一字しか違わないが、その言葉を発した人物の気持ちは全然ちがう。そのようなことにこだわるということだ。

本書では、これら一字一句のちがいを検討する場面も取り上げている。詳しくは、ぞれぞれの実践をお読みいただきたい。

さて、研究授業の組み立て方では、どの部分をどのように取り上げるとよいかを、できるだけ具体的に提案した。つまり、その教材で研究授業に適しているところはどこか。また、授業をどのように進めていけばよいかということだ。自分のクラスで実践したことをもとに提案している。

もちろん、発問の善し悪しが重要なことは言うまでもない。その発問が子どもたちの思考を促しているかが問われる。また、発問の組み立てや順序も重要である。そのようなことも含めて、研究授業の組み立て方を提案した。

なお、研究授業の組み立て方に関する部分は二重枠で示した。これから、研究授業をしようと考えている先生方の参考になればと思い、解説を付け加えた。

本書により作品全体を分析する方法を知り、実際に試してみて、その有効性を確かめていただけたらと思う。また、研究授業を行う際の参考にしていただけたらと思う。

二〇一三年五月　平松孝治郎

目次

Ⅰ章

有名物語教材を
どう授業するか

1 作品全体を分析する授業の方法

本書は、有名物語教材をどう授業するかについて提案する。

有名物語教材は、教科書が改訂されても、ほとんど入れ替えがない。また、多くの教科書に採用されている。しかも、一年から六年までどの学年でも掲載されている。国語の授業の中でも、かなり大きな位置を占めている。

どう授業するか提案する所以《ゆえん》である。

ところで、授業の方法は様々ある。

登場人物の気持ちを聞いたり、心情曲線を書いたり、劇化したりなどなど。有名物語教材の指導法は、著書や実践記録など巷《ちまた》にあふれている。

本書では、「作品全体を分析する」方法で授業を行うことを提案する。

取り上げる教材は、四年『ごんぎつね』、五年『わらぐつの中の神様』『大造じいさんとガン』、六年『やまなし』『海の命』である。

作品全体を分析する授業の方法は、向山洋一氏の『ひょっとこ』の実践をもとにしている。

向山洋一氏は、このように言う。

> 「分析批評の授業」を粗く分類して次の二つがある。
> Ａ　個々の批評用語を手がかりに作品分析したもの。

B　作品全体を分析したもの。
現在報告されているのはすべてA型であり、ほとんどは「向山の追試」または「向山の発展」に位置している。（中略）
B型は、まだ誰も提示していない。これがないと全体像を欠くので、とりあえずの問題提起として向山が一一年前の実践を報告する。

（向山洋一著「『分析批評』で授業を変える」P176）

そして、「分析批評」による「作品全体」の授業にふれてみたいとして、『ひょっとこ』の実践を示された。「視点とかイメージを離れて、作品の『組み立て』『題材と中心題材』『主題』などをテーマに授業をしたのである」と言う。
向山氏の授業はこのようであった。

一　作品をいくつかに分ける。
二　ストーリーの部分について、「いくつの事件」か確定する。
三　それぞれの事件を「短文」に要約する。
四　事件を起承転結に分類する。
五　クライマックス・モチーフについて検討する。
六　主題を考える。

（向山洋一著「『分析批評』で授業を変える」P176）

そして、このように言う。

この授業をどう評価するのか、どう発展させるのか、分析批評が当面する大きな課題である。


この論文の初出は、『国語教育』（明治図書出版）の一九八八年三月号である。

この向山氏の提案を受けて、自分なりに多くの実践を積んできた。

本書では、二〇〇九年度『ごんぎつね』の実践、二〇一〇年度『大造じいさんとガン』『わらぐつの中の神様』の実践、二〇一一年度『やまなし』『海の命』の実践をもとに書き進めていく。

いずれも、四年から六年の光村図書出版の国語教材である。

向山氏の『ひょっとこ』の実践をもとにして、自分なりに、次の基本型をつくった。

①設定を検討する。
②事件ごとに分ける。
③事件を要約する
④起承転結に分ける。
⑤モチーフを検討する。
⑥クライマックスを検討する。
⑦主題を考える。

なお、『ひょっとこ』の実践には、設定は書かれていないが付け加えた。『批評の文法』（井関義久著）には「設定」が出ている。最初に設定（時・所・人）を扱うことにより作品全体の構造をつかむことができる。

基本の型を右記のようにしたが、各教材により問い方や授業の進め方など多少の変化がある。それぞれの教材によって作品の特徴にちがいがあるから、当然といえば当然のことだ。

さて、これらの項目は具体的には、どういうことだろうか。

「設定を検討する」「事件ごとに分ける・事件を要約する」「起承転結に分ける・モチーフを検討する」「クライマックスを検討する」「主題を考える」の五つの項目について、実際の作品に即しながら説明していく。

2 作品全体を分析する用語の具体例

(1) 設定を検討する

設定とは、時（いつ）、場所（どこ）、登場人物（誰）ということである。五つの教材について、設定を扱った発問を紹介する。

> 『ごんぎつね』……いつの話ですか。場所はどこですか。登場人物は誰ですか。主役は誰ですか。対役は誰ですか。

『大造じいさんとガン』……登場人物は誰ですか。場所はどこですか。いつの話ですか。大造じいさんは何歳ですか。何年間のことが書いてありますか。主役は誰ですか。

『わらぐつの中の神様』……1部、2部、3部は、それぞれいつのことですか。1部、2部、3部に出てくる登場人物はそれぞれ誰ですか。1部、2部、3部で、ちがう名前で出ていて、同じ人物を赤鉛筆で囲みなさい。1部、2部、3部の場所はそれぞれどこですか。現在住んでいるところと、過去に住んでいるところは同じところですか。『わらぐつの中の神様』の主役は誰ですか。

『やまなし』……どこを写した幻灯ですか。谷川とはどんな川ですか。何月と何月を写した幻灯ですか。「五月」と「十二月」の世界は、それぞれ一日のうちのいつ頃ですか。「五月」と「十二月」に出てきたものをすべて挙げなさい。「五月」と「十二月」の主役と対役に赤鉛筆で丸をつけなさい。

『海の命』……いつの話ですか。登場人物は誰ですか。主役は誰ですか。この話の場所はどこですか。

このようにして、時、場所、登場人物を問う。しかし、作品により問い方が多少ちがう。それぞれの作品によって工夫が必要である。

（2）事件ごとに分ける・事件を要約する

事件ごとに分ける・事件を要約するといっても、作品により進め方が多少ちがう。

『ごんぎつね』は、事件のはじまりを聞いた後は、1～6場面を要約していった（文字数の制限はしなかった。教科書に場面ごとに番号が書いてある）。また、「ごんは……」「兵十は……」というふうに、二通りの要約を行っていった。

『大造じいさんとガン』は、場面ごとに○○作戦と、作戦の名前でまとめていった。

『わらぐつの中の神様』は、大きく場面に区切ったのみで要約は行っていない。

『やまなし』は、「五月」と「十二月」に分けて要約を行った。

『海の命』は、場面分けを行った後、要約を行った。

教材ごとの指示・発問を示す。

『ごんぎつね』……事件はどこからはじまっていますか。1～6場面を要約しなさい（「ごん」を主語としたものと「兵十」を主語としたもの両方で行った）。

『大造じいさんとガン』……いくつの場面に分けられますか。1～3場面を、それぞれ○○作戦と名前をつけなさい。

『わらぐつの中の神様』……『わらぐつの中の神様』を三つに分けます。分かれるところに線を引きなさい。

『やまなし』……『やまなし』を三つに分けます。どこで分けますか。線を引きなさい。『やまなし』を四つに分けます。どこで分けますか。「五月」の世界を短く事件にまとめます。「○○が」と書きはじめます。「十二月」の世界を短く事件にまとめます。「○○が」と書きはじめます。

『海の命』……『海の命』は、いくつの場面に分かれますか。「1」を二つに分けます。教科書に線を入れなさい。「5」を二つに分けます。教科書に線を入れなさい。場面ごと要約を行います。「太一は」「太一が」ではじまる文で、二〇字前後で要約しなさい。

このように作品により、事件ごとの分け方や要約のしかたは様々である。しかし、事件ごとに分ける・事件を要約するという点では共通するものがある。

(3) 起承転結に分ける・モチーフを検討する

直接、起承転結に分けたり、モチーフを検討したりしたものはほとんどない。

しかし、それに類することは行っている。後に示したとおりである。

なお、モチーフとは、作品全体にわたってくり返し出てくる事柄のことである。中心題材ともいう。

『海の命』は「ひょっとこ型」をほぼ踏襲している。起承転結に分け、モチーフを検討している。

『ごんぎつね』では、「ごん」を主語にした要約文と、「兵十」を主語にした要約文を比べ検討させた。

『大造じいさんとガン』では、「ううん」と「ううむ」を検討させた。くり返し出てくる大造じいさんのキーになる言葉と考えたからだ。
『わらぐつの中の神様』では、おみつさんの見たわらぐつ、大工さんの見たわらぐつに焦点をあてた。「わらぐつ」がこの作品を貫くモチーフだと考えたからだ。
『やまなし』では、「五月」と「十二月」を対比・類比させた。
では、作品ごとに見てみよう。

『ごんぎつね』……1～6場面の要約文（「ごん」を主語にしたものと「兵十」を主語にしたもの）を見てわかったこと、気がついたこと、思ったことをノートに書きなさい。

『大造じいさんとガン』……大造じいさんは、「ううむ。」と「ううん。」をどんな気持ちで言ったのですか。

『わらぐつの中の神様』……おみつさんは、わらぐつの何（どこ）を見ていますか。大工さんは、わらぐつの何（どこ）を見ていますか。

『やまなし』……「五月」と「十二月」の世界の共通点と相違点は何ですか。「五月」と「十二月」の世界を一言で言うと、それぞれどんな世界ですか。

『海の命』……起は何場面ですか。結は何場面ですか。転は何場面ですか。『海の命』を全文要約しなさい。

このようにモチーフの問い方は、いろいろな方法で行った。モチーフという言葉を直接使わなくても、モチーフに関する発問は行っている。工夫の必要なところだ。

(4) クライマックスを検討する

クライマックスは、すべての教材で行っている。ただし、発問のしかたはいろいろである。

クライマックスとは、主役の考えが今までとガラッと変わったところ、今までずっと変わらなかったことが一つの文章でコロッと変わるところである。

『ごんぎつね』……かけよっていくとき、兵十は何を考えていたのですか。兵十の気持ちが変わったのは「家の中」「土間のくり」「ごん」を見たときのいつですか。

『大造じいさんとガン』……大造じいさんの気持ちは変わりましたか。もし変わったのならどこで変わったのですか。残雪の気持ちは変わりましたか。もし変わったのならどこで変わったのですか。

『わらぐつの中の神様』……マサエの気持ちはどのように変化しましたか。それがわかる文に線を引きなさい。マサエの気持ちが変わったのはどこですか。おばあちゃんの気持ちは変化しましたか。

『やまなし』……「五月」のクライマックスはどこですか。線を引きなさい。「十二月」のクライマックスはどこですか。線を引きなさい。

『海の命』……太一の気持ちが今までと、ガラッと変わったところはどこですか。線を引きなさい。

クライマックスの問い方はいくつかある。

直接、クライマックスはどこですかと聞くやり方、気持ちがガラッと変化したところを聞くやり方、今まで変わらなかったことが変化したところを聞くやり方である。どのやり方も、気持ちの変化という点では共通している。

(5) 主題を考える

主題を考える発問は、どの教材でも共通である。そのため、主題を考えさせる直前の発問、または、関連する発問も載せた。

なお、『ごんぎつね』では、四年生の実践ということもあり主題は扱っていない。しかし、要約文を検討することにより主題に迫っている。(なお主題の指導については、Ⅲ章の『わらぐつの中の神様』の研究授業のところで扱っている)

『大造じいさんとガン』……主役は誰ですか。主題は何ですか。

『わらぐつの中の神様』……おみつさんはわらぐつの何（どこ）を見ていますか。大工さんはわらぐつの何（どこ）を見ていますか。主題は何ですか。

『やまなし』……どうして「やまなし」という題にしたのですか。主題は何ですか。

『海の命』……「海の命」とはどういうことですか。主題は何ですか。

「主題は何ですか」という問い方は、四作品に共通している。しかし、迫り方は作品により多少ちがう。『大造じいさんとガン』では、主役を確定させてから主題を考えさせた。他の作品では、クライマックス、モチーフを通して主題を考えさせている。

(6) その他、作品固有の発問

（1）～（5）まで作品全体を分析する発問を示していった。基本の型を身につければ、どの作品でもある程度、同じように進めることができる。

しかし、その作品固有の発問もある。その作品ならではの発問といってもいい。そういう発問を考えることも必要だ。その作品のキーとなるような発問である。そうすれば、その作品をより深く解釈したり分析したりできるはずだ。

今まで紹介した発問以外に、実際に行った発問をいくつか紹介する。

『ごんぎつね』……このお話は「ごん」の視点で書かれている。賛成ですか。反対ですか。土間にくりを固めて置いたのはなぜですか。青いけむりは何を象徴していますか。

『大造じいさんとガン』……「残雪」の気持ちは書いてありますか。もし書いてあるのならどこに書いてありますか。「感じた」と「感じたらしい」ではどうちがいますか。「さいごのとき」を漢字で書きなさい。

『わらぐつの中の神様』……大工さんは、おみつさんをいつ好きになったのですか。おみつさんは、大工さんをいつ好きになったのですか。不細工と不格好ではどうちがいますか。

『やまなし』……「上る」と「上がる」ではどうちがいますか。「五月」と「十二月」の話者の位置はどこですか。情景を絵で表して目玉を書き入れなさい。スクリーンはどこにありますか。図に表しなさい。

『海の命』……太一は、なぜ泣きそうになったのですか。太一は、なぜふっとほほえんだのですか。太一は、なぜクエを「おとう」と思ったのですか。

作品全体を分析するための発問はほぼ共通している。しかし、作品により使い方は多少ちがってくる。

また、作品固有の発問は、考えなければならない。もちろん著名な実践を追試するという方法もある。

だからといって、自分で考えなくてもいいわけではない。発問をつくっていく力量もつけていきたい。

なお、Ⅳ章の「1」で、発問のつくり方の一端を示した。参照していただきたい。

II章

研究授業の
組み立て方

1 四年『ごんぎつね』（新美南吉）の研究授業

『ごんぎつね』で研究授業を行うなら、最後の6場面のクライマックスの部分か、6場面まで要約を行ってきた要約文を検討するところがいい。この場合は、「ごん」と「兵十」と両方を主語にした要約文がほしい。一番盛り上がるところであり。一番、知的でダイナミックな場面だ。
2場面の色の検討のところもおもしろい。

さて、研究授業までに押さえておきたいこと、やっておきたいことを授業場面をもとに説明していく。

(1) 設定を検討する

まず、設定はやっておきたい。

設定とは、時、場所、登場人物などの物語の枠組みのことである。まずは、設定を押さえることが大事だ。

それぞれ、「いつの話か」「場所はどこか」「登場人物は誰か」と問えばよい。
このようになる。

いつの話か

わたしが小さいときに、村の茂平というおじいさんから聞いた話

場所はどこか

中山から少し離れた山の中と辺りの村

登場人物は誰か

登場人物は意外にやっかいな面がある。このように言っておくとよい。

登場人物とは、人間のように行動したり考えたりする人のことです。

「兵十、ごん、いわし売り、弥助のおかみさん、弥助、兵十のおっかあ、加助、茂平、吉兵衛、おぼうさん、新兵衛、わたし」などが出されるだろう。

この中で、「弥助、兵十のおっかあ、茂平、吉兵衛、おぼうさん、新兵衛」などは消去されるはずだ。物語の中に出てこないからだ。

「わたし」についてい て問題になるかもしれない。

これは、実際の授業でも賛否両論あった。この『ごんぎつね』という話は、「わたし」がずっと話しているのだという。それに対して、話しているだけで、話の中には出てこないという。「わたし」はどちらも考えられるとした。

登場人物を聞いた後、主役と対役を聞く場合がある（聞かない場合もある）。

なお、主役とは主題を担っている人物のことで、多くの場合、物語の途中で考え方が大きく変化する。対役とは、主役の考え方を変えさせる人物である。

『ごんぎつね』では、主役と対役を聞いた。

主役は誰ですか。

子どもたちは、「ごん」と答えるはずだ。大事なことは、理由を言わせることである。

授業では、このような理由が出された。

題名に出てくるから。いっぱい書いてある。いつも出てくる。「ごん」の視点で書かれている。「ごん」が見たこと、想像したことが書いてあるから。ごんの生活のこと、くらしのこと、これまでのことが書いてあるから。

対役は誰ですか。

子どもたちは、兵十と言うはずだ。ここでも、理由を言わせる。

実際の授業では、このような理由が出された。

「ごん」と深く関わっているから。兵十にいたずらをするから。くりを持ってきたと気がついたから。

クライマックスは兵十とごんが出てくるから。兵十が出てこないと話が終わるから。

(2) 事件のはじまりと視点の問題を扱う

次に、事件のはじまりと視点について聞いておきたい。視点については、どこまで気がついているか、わかっているか実態を調べるためにも行いたいところだ。

事件のはじまりとは、実際に事件がはじまるところを言う。

『ごんぎつね』の出だしは、「わたしが小さいときに、村の茂平というおじいさんから聞いたお話」という話の紹介からはじまっている。その後は、「ごん」の日頃の行いの紹介である。

後で、事件を要約するが、事件でないところは入れない。

このように聞く。

事件はどこからはじまりますか。

これは、「ある秋のこと」からである。その前は、「ごん」の性格や日頃の行いなどの紹介だ。「ある秋のこと」から兵十にいたずらをはじめた。

このお話は、誰の視点で書かれていますか。

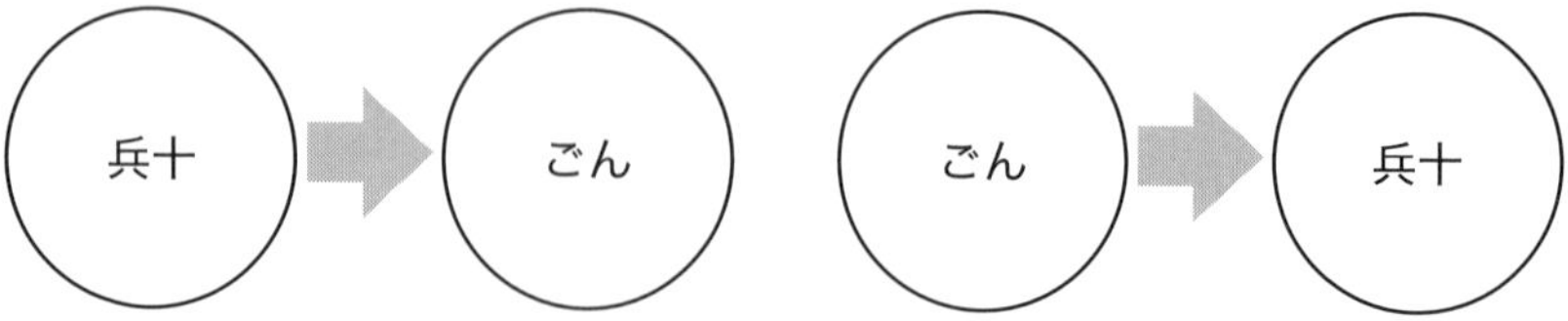

視点とは、テレビカメラのようなもので、どこから見ているかということだ。

ほとんどが、「ごん」から見た書き方である。「ごん」の気持ちも書いてある。

図解するとこうなる。

しかし、なぜ、こんなことを聞くのか。

それは、じつは、6場面で視点が変換するからだ。

6場面のはじめの方に、「こないだ、うなぎをぬすみやがったあのごんぎつねめが」という文がある。これは、兵十の視点である。

1~5場面までが「ごん」の視点、6場面だけが「兵十」の視点なのだ。

作者は、6場面を盛り上げるために、意図的に視点を逆転させたと考える。

このことがあるので、先のことを聞いたのである。

おそらく、子どもたちは、視点は「ごん」にあると答えるだろう。

いくつか理由を挙げさせればいい。

たとえば、「『兵十だな。』とごんは思いました。」や「『ああ、そうしきだ。』と、ごんは思いました。」などである。

６場面で視点が変換していることには、意見が出なければ、ここでは触れなくてもよい。後の伏線としておく。

(3) ごんのいたずらと難語句を扱う

いたずらについても、確認しておきたいことがある。

①どんないたずらをしたのか
②どんな気持ちでいたずらをしたのか

この二つである。
①は、「ごん」がしたいたずらを三つ、正確に指摘できるかどうかである。

いもをほり散らしたり、菜種がらのほしてあるのへ火をつけたり、百姓家のうら手につるしてあるとんがらしをむしり取ったりした。


かなり極悪非道ないたずらである。

もうひとつの、「どんな気持ちでいたずらをしたのか」は、散歩に出て兵十を見つけたところに限定して聞く。

「ちょいと、いたずらがしたくなった」のである。この「ちょいと」が、後に悲劇を生む。

難語句調べも簡単にやっておきたい。独特の言葉がいくつか使われているからだ。

これらの言葉はなじみが薄いだろう。

菜種がら、もず、小川のつつみ、川べり、ぬかるみ道、川上、川下

(4)「兵十」と「ごん」の接触は何回あったか

『ごんぎつね』は、「ごん」と「兵十」の話だ。だから、「ごん」と「兵十」のふれあいのことが書いてあると錯覚しやすい。しかし、二人はほとんど接触がない。このことも押さえておきたいことだ。

このように聞けばよい。

兵十は、ごんに「うわあ、ぬすっとぎつねめ。」と言っています。兵十が、ごんに何かを言うところは、全部で何回ありますか。

子どもたちは懸命に探すが、あと一つしかないはずだ。だから二回しかない。あと一箇所は、「ごん、おまいだったのか、いつも、くりをくれたのは。」である。

ここは、このことがわかればよい。これ以上、深入りしない。これも、あとの伏線の意味を兼ねている。

(5) 要約の方法を知り、1場面を要約する

『ごんぎつね』の実践では、要約が重要な柱になる。1の場面から6の場面まで同じように要約していく。

要約は、「ごんは～した」と「ごん」を主語にしたものと、「兵十は～した」と「兵十」を主語にしたものと二通りつくる。文字数は特に制限しない。必要にして十分なことが書けていればよい。

要約することにより、「ごん」と「兵十」の視点の問題、ふたりの関わり方の問題が浮き彫りにされるからだ。もちろん、要約の力をつけさせることもある。

ノートに書かせてから、見せに来させ、どんどん板書させればよい。

このようなことが書けていればよい。

- ごんは、兵十にいたずらをした。
- 兵十は、ごんにいたずらをされた。

ごん、兵十、いたずらは、要約文の中に入れたい。

(6) 2場面はおっかあの言ったことの検討、色の検討、要約を行う

2の場面は、この問題を扱いたい。

兵十のおっかあは、うなぎを食べたいと言ったのですか。

まず理由をノートに書かせた。その後、発表させた。意見が分かれたが、言っていないという方の理由が決定的となった。一人の子のノートを示す。

おっかあは言っていません。
理由は、P70に「うなぎが食べたいと言ったにちがいない」や「うなぎが食べたいと思いながら死んだんだろう。」などの最後の方の「ちがいない」や「だろう」は、ごんの思ったことだからです。もしおっかあがそう言ったなら、「うなぎが食べたい」や「うなぎが食べたいと思って死んだんだ」などと書いてあると考えました。

文末表現によって意味が変わってくることを押さえている。
次に、色の検討を行った。色は、この2場面と6場面に多く出てくる。6場面で急に扱っても戸惑うだろう。一度、ここで扱っておきたい。

この色の検討を研究授業で行うこともおもしろい。

このように進めるとよい。
実際の授業場面を再現してみる。

2の場面ではどんな色が出てきますか。
その色は何の色ですか。

赤……ひがん花、さつまいも
白……白い着物、白いかみしも

赤色はどうなったと書いてありますか。

ひがん花……ふみ折られた
さつまいも……しおれていた

白い着物は何のことですか。
白いかみしもは誰が着ているのですか。

白い着物……そうれつの者
白いかみしも……兵十
この後、象徴について説明した。

象徴とは、目に見えないものを連想しやすい色や形で表すこと。

赤と白は何を象徴していますか。
漢字一文字で表しなさい。

次のようなものが出された。
赤……悲、花、元気、泣、生
白……死、悲
赤で「悲」や「泣」が出てきたのは、「ふみ折られた」「しおれた」のイメージがあるからだろう。ふみ折られる前の、しおれる前の赤である。このようにまとめた。

そうれつの場面の赤は、生を表している。白は、死を表している。

このように色が何かを象徴しているわけだ。情景描写を読み取る力にもなる。
さて、2場面の要約も、1場面と同じようにノートに書かせ、板書させて発表させた。
このようになった。

・ごんは、兵十のおっかあが死んだのは自分のせいだと思っている。
・兵十は、おっかあが死んで悲しんでいる。

（7）3場面は、描写の読み取りと要約を行う

3場面では、まず、このことを聞いた。

「いわしの安売りだあい。〜かけもどりました」までで、ごんが急いでいるところはどこですか。
それがわかるところに線を引きなさい。

これは急いでいることを、「急いでいる」とは書かずに、描写することによって描くことができることを知らせるために行った。

3の場面の要約も同じように進めた。このようにまとまった。

- ごんは、いわしをつかんで兵十の家へいわしを投げこんだ。
- 兵十は、いわしをぬすんだと思われて、いわし売りになぐられた。

ただし、この場面は、このようにもまとめられる。

- ごんは、おわびに兵十にくりや松たけを持っていった。
- 兵十はひとりぼっちになった。

(8) 4場面・5場面を要約する

続いて、4場面・5場面の要約を行った。結果のみ示す。

4場面

・ごんは、かくれて兵十と加助の話を聞いていた。
・兵十は、くりと松たけが毎日置いてあるのを不思議に思った。

5場面

・ごんは、兵十が神様のしわざだと思っていて引き合わないと思った。
・兵十は、加助に神様のしわざだと言われてそうかなと思っている。

(9) かけよっていくとき、兵十は何を考えたか

いよいよ6場面である。研究授業をするなら6場面を扱うのが有力だ。

実践を紹介する。向山洋一氏の追試である。

かけよっていくとき、兵十は何を考えたか。

ノートに書かせ、人数を確認した。

・やったあ、うったぞ。仕返しができたぞ。（8人）
・やっと倒したぞ。（4人）
・今度は何をぬすんだんだ。どんないたずらをしにきたんだ。（6人）
・くりや松たけを持ってきたのはごんかな。（9人）
・うちの中を見てびっくりした。（1人）
・ごんのことを心配している。（1人）
・死んだかどうか確かめるため。（1人）
・うち殺してやる。（2人）
・うとうと考えた。（1人）

この中でおかしいものがありませんか。

・「くりや松たけを持ってきたのはごんかな」は、おかしい。かけよっていくときは、くりや松たけをまだ見ていない。
・「うち殺してやる」と「うとうと考えた」はおかしい。もうごんをうっている。うってからかけよっている。

・「うちの中を見てびっくりした」もおかしい。かけよっていくときはまだ見ていない。
・「ごんのことを心配している」もおかしい。ごんをうったんだから心配などしていない。

結局、おおざっぱにいうと、三つの意見が残った。

①やったあ、うったぞ、倒したぞ。
②今度は、どんないたずらをしにきたんだ。
③死んだかどうか確かめるため。

この問題はそのままにしておき、次の問いに移った。

かけよっていくとき、兵十は、まず何を見たのですか。

これは、「ごん」「土間のくり」「家の中」などの意見が出された。そこで、整理して聞いた。

①家の中　②土間のくり　③ごん

これは、すぐに「うちの中」になった。「うちの中を見ると」と本文に書いてある。

ここを扱った後に、先ほどの問題にもどった。

兵十は、最初に、うちの中を見たのですね。ごんのことは眼中になかったのです。うちの中が心配だったのです。ごんはどんないたずらをしにきたんだ。うちの中は大丈夫かなと思ってかけよっていたんですね。

兵十は、「家の中」「土間のくり」「ごん」をどんなふうに見たのですか。本文から書き抜きなさい。

①家の中……見る
②土間のくり……目につきました
③ごん……目を落としました

兵十の気持ちが変わったのは「家の中」「土間のくり」「ごん」を見たときのいつですか。

土間のくり……30人
ごん……4人
これは、すぐに「土間のくり」となった。わけを聞いた。

- くりを見て「おやっ」と思ったから
- くりを見て、びっくりしたから
- この時、くりをくれたのはごんかなと思ったから
- 考えが変わったから、ごんを見た

「見た」「目につきました」「目を落としました」のちがいは何ですか。


これは、それぞれの言葉の意味を説明すればよい。

見る……見ようと思って見る。

目につきました……見ようと思わなかったのに見えた。目的をもって見たわけではない。

目を落としました……後悔して目を落とした。びっくりして目を落とした。

いよいよ難解なところにさしかかった。


6場面は兵十の視点で書かれていましたね。では、ごんが視点のところはないのですか。

多くの子が、次の三箇所を挙げた。
・くりを持って、兵十のうちへ出かけました。
・兵十は、物置でなわをなっていました。
・うちのうら口から、こっそり中へ入りました。
確かにこの部分は、ごんの視点とも考えられる。しかし、第三者（話者）が、少し離れたところから見ているともとれると言った。

しばらくすると、「兵十がかけよってきました」のところだと言う子が二人いた。

そのわけは、もし兵十にそのまま視点があるのなら、「兵十はかけよりました」か「かけよっていきました」でないとおかしいと言う。

続いて問う。

なぜ、「兵十はかけよってきました」と書いたのですか。

意見はぽつぽつとしかでない。ごんの視点から書いてあるからだという。
それはなぜかと聞いたが、続かない。
そこで、これには二つの説があることを紹介した。すなわち、「作者の書き間違いではないか」と「ごんがまだ生きていることを示すためではないか」である。
この場面は盛り上がる。教材文を読みこんで、教師がしっかり教材解釈をもってのぞむことだ。

(10) 青いけむりの象徴と、土間にくりを固めて置いたのはなぜかを考える

2場面で色の象徴を行っておくと、この場面はスームズに進むだろう。
この場面もおもしろい場面だ。

「青いけむりが、まだつつ口から細く出ていました」と最後にあります。この「青いけむり」の「青」は何を象徴していますか。

最初、火なわじゅうのけむりと出た。

「これでは、そのもので象徴になっていない」と言った。すると、続いて、「ごんの魂」「後悔」「ごんの心」「悲しさ」「ごんの死」と出た。

今度は、どの意見も認めた。

次に、この土間のくりを問題にした。

土間にくりを固めて置いたのはなぜですか。

最初、「兵十が目につきやすいように」「兵十が見やすいように」という意見が出された。

続いて、「ただ置くだけだとぐちゃぐちゃになるから」「兵十をびっくりさせるため」「くりを強調したかったから」という意見が続いた。「探すのに苦労する」「兵十に見せたかった」と意見が出る。

しかし、どれも「ここにこう書いてあるからこうだ」という意見ではない。

そうすると、このような意見が出てきた。

見つからないように置くため。なぜなら、見つかると兵十にうたれる。いたずらと思われるから。置くだけだと音がする。音がしないように置かないといけない。「うちのうら口から、こっそり中へ入りました」とある、見つからないように入っている。

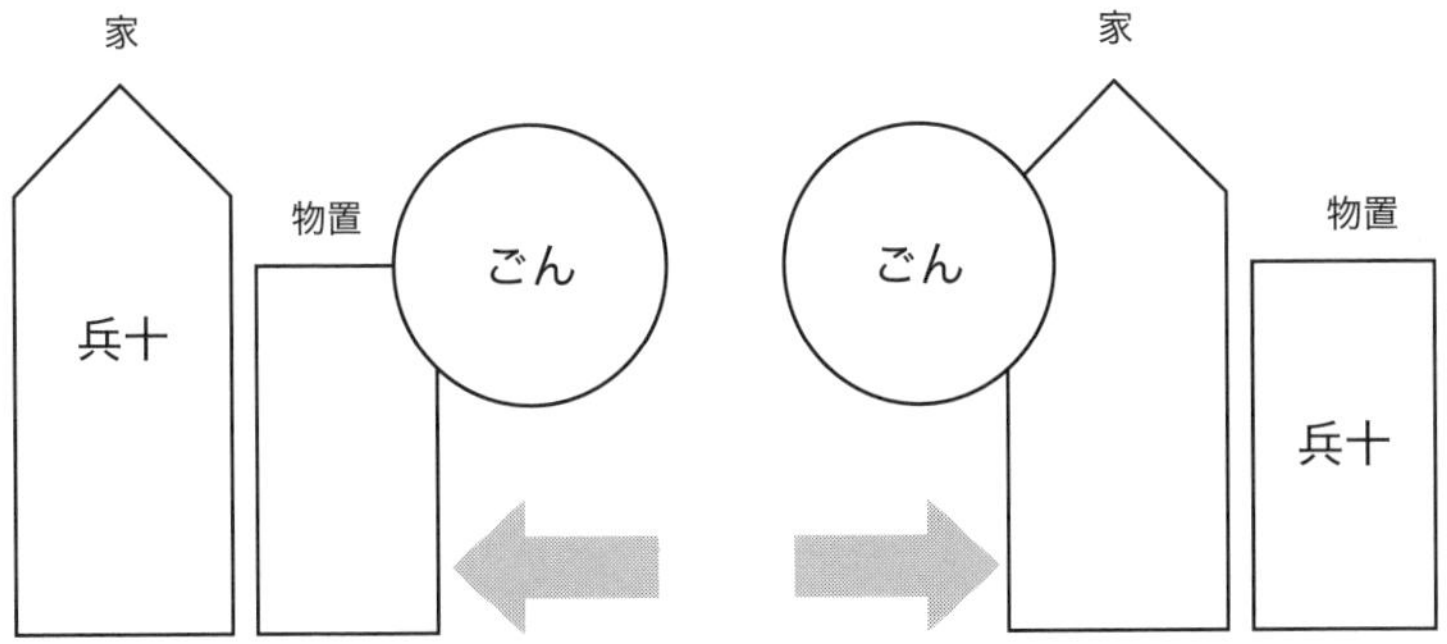

そこで、ごんと兵十の位置関係を聞いた。

兵十は、このとき、どこにいたのですか。

物置でなわをなっていた。

ごんは、どこから入ったのですか。

うちのうら口から、こっそり中へ入った。

3場面七二ページを見なさい。
兵十は、このとき、どこにいたのですか。

うちの中で、昼飯を食べている。

ごんは、どこから入ったのですか。

そっと物置の方へ回って、その入り口にくりを置いた。

兵十が物置にいる時には、うちの中にくりを持っていっています。兵十がうちの中にいる時は、物置にくりを持っていっています。これは、兵十に見つからないためです。兵十のいないところにくりを置いているのです。見つかれば、殺されるかもしれないから、音をたてないようにそっと置いていったと考えられます。

⑪ 6場面を要約する

6場面を短くまとめる。ここは、すぐにまとまるだろう。このようになればよい。

・ごんは、兵十に火なわじゅうでうたれた。
・兵十は、火なわじゅうでごんをうった。

⑫ 1〜6場面の要約を見て、気がついたことを発表する

研究授業にするなら、もう一つは、この要約のまとめがおもしろい。ただし、ここは、子どもたちから意見が出るとある程度、予測ができなくてはならない。

いよいよ『ごんぎつね』もフィナーレを迎えた。まず、1場面から6場面まで、短くまとめたものを一覧表にして板書した。

ごん
1場面　ごんは、兵十にいたずらをした。
2場面　ごんは、兵十のおっかあのそうしきを見てこうかいした。
3場面　ごんは、兵十の家へうなぎのつぐないに、くりや松たけをもっていった。
4場面　ごんは、兵十と加助の話を聞いていた。
5場面　ごんは、兵十と加助の話を聞き、引き合わないと思った。
6場面　ごんは、兵十に火なわじゅうでうたれた。
兵十
1場面　兵十は、ごんに魚やうなぎをとられた。
2場面　兵十は、おっかあが死んでしおれている。
3場面　兵十は、いわし屋になぐられた。
4場面　兵十は、毎日、くりや松たけが置いてあるのをふしぎに思った。
5場面　兵十は、くりや松たけが置いてあるのは、神様のしわざだと思った。
6場面　兵十は、火なわじゅうでごんをうった。

この表を見て、わかったこと、気がついたこと、思ったことをノートに書きなさい。

次々に発表が続いた。（※ここでは、教師の発言や指示を点線で囲む）

・「ごんは」「兵十は」ではじまっている。

そう、そういうことでいいですよ。

兵十は、ごんにずっと仕返しをしたいと思っていた。

これは、他の子に聞いてみた。反対意見が相次いだ。

そういうことは書いていない。そういうことは言っていないと反対された。

・兵十とごんは逆のことが書いてある。
・1場面でごんと兵十の距離が近くて、2場面で離れて、それから近づいている。
・最初ごんが後悔して、後で兵十が後悔した。
・1場面で出会い、ごんと兵十はだんだん深まっていく。

これに対しては、反対意見が出された。

・兵十は、ごんのことは前から知っていた。
・1～5場面はごんの視点で、6場面は兵十の視点で書かれている。
・ごんはずっといたずらをしていたが、はじめて後悔した。

・兵十のまとめのところで、1場面と6場面はごんが出てくるけれど、2〜5場面はごんは出てこない。

兵十のまとめのところで、「ごん」と「兵十」を赤鉛筆で囲ませた。

・ごんは兵十を見ている。
・ごんは2〜5場面は兵十を見ていて、1場面と6場面は兵十と接触している。

ごんのまとめのところで、「ごん」と「兵十」を赤鉛筆で囲ませた。一目瞭然である。

・ごんを主語にしてまとめさせたところは、兵十が六回連続出てくる。
・兵十を主語にしてまとめさせたところは、ごんが二回しか出てこない。

「兵十の表」の1場面と6場面のごんを赤の矢印でつなぎなさい。

・兵十の視点では、2〜5場面はごんはいない。
わけ ごんは、かくれて兵十を見ている。
わけ ごんはいたずらをしたから、姿をかくさないといけない。
・ごんは4場面で兵十と加助の話を聞いていて、5場面で引き合わないと思った。（黄色の矢印でつないだ）

・兵十は3場面でいわしを投げこんだのは誰だろうと思っていて、6場面で「こないだ、うなぎをぬすみやがったあのごんぎつねめが」と言っているので、3場面と6場面はつながっている。（黄色の矢印でつないだ）

とてもすばらしい意見がたくさん出たことをほめた後、このようにまとめた。

ごんは兵十のことをずっと思っていますが、兵十はごんのことを忘れています。火なわじゅうでうった時に、ごんのことを思い出したぐらいです。ふだんは、ごんのことは眼中になかったのです。これは悲劇なのです。

2 五年『わらぐつの中の神様』（杉みき子）の研究授業

『わらぐつの中の神様』で研究授業を行うなら、ひとつは、気持ちの変化を聞くとよい。マサエの気持ちの変化、おみつさんの気持ちの変化が考えられる。マサエは、考え方の変化を指摘させるとおもしろい。もう一つは、わらぐつに関することを扱うのもおもしろい。おみつさんと大工さんは、わらぐつの何（どこ）を見ていたのか。また、おみつさんと大工さんのわらぐつに対する思いなどを話し合うとおもしろい。

さて、研究授業までに押さえておきたいこと、やっておきたいことを授業場面をもとに説明していく。

『ごんぎつね』では、「設定を検討する」ことからはじめたが、『わらぐつの中の神様』では、「全体の構造をつかむ」ことからはじめる。

(1) 全体の構造をつかむ

音読は、追い読みから行った。その後は、一文リレー読みを中心に行った。クラスの児童全員に読ませた。後は、必要に応じて、読み取りを行っている場面を中心に、読解の時に音読を取り入れていった。

さて、「全体の構造をつかむ」ための最初の発問である。

> わらぐつの中の神様を三つに分けます。分かれるところに線を引きなさい。

これは、すぐに決まる。このようになる。

> 1部……P4L4〜P8L9
> 2部……P8L10〜P20L6
> 3部……P20L7〜P23L14

この後、時間を聞いた。

1部、2部、3部は、それぞれいつのことですか。

これも、すぐにまとまった。

1部……現在、2部……過去、3部……現在

このような構造のことを額縁型構造ということを教えた。現在という額縁に、過去が囲まれているからだと説明した。

その例として、映画『ゴッドファーザー』を挙げた。すると、子どもたちから、『火垂るの墓』もそうだと出された。

(2) 設定を検討する

設定とは、物語の登場人物、時、場所などのことである。時は全体構造の中で行ったので、登場人物と場所を扱った。

次に、登場人物を扱った。1部、2部、3部と、それぞれ聞かなくてはいけない。

1部で出てくる登場人物は誰ですか。
2部で出てくる登場人物は誰ですか。
3部で出てくる登場人物は誰ですか。

なお、登場人物とは「物語の中で、話したり考えたり行動したりする人物」と定義した。
それぞれ次のようになった。

1部……マサエ、お母さん、あばあちゃん、おじいちゃん
2部……おみつさん、げた屋のおかみさん、お父さん、お母さん、弟、妹、わかい大工さん、野菜を買ってくれる人
3部……マサエ、おばあちゃん、お母さん、おじいちゃん

登場人物が確定したところで、次の指示を出す。

1部、2部、3部で、ちがう名前で出ていて、同じ人物を赤鉛筆で囲みなさい。

これも、すぐにわかる。
同じ人物は、「おみつさん」と「おばあちゃん」。「わかい大工さん」と「おじいちゃん」である。
それから、場所を聞いた。場所も、1部、2部、3部とそれぞれ聞く。

1部、2部、3部の場所は、それぞれどこですか。

このようになった。
1部……家の中のこたつのある部屋
2部……おみつさんが住んでいた村と町の朝市
3部……家の中のこたつのある部屋
この後、このことを聞いてみた。

現在住んでいるところと、過去に住んでいるところは同じところなのですか。

これもいちおう聞いた方がよい。一見、簡単なようで、わかっていない子もいるはずだ。確認しておいた方がよい。
これは、ちがうとなる。
2部の出だしの部分に、「昔、この近くの村に、おみつさんというむすめが住んでいました」と書いてある。「この近くの村」だから、今、住んでいるところとちがう。
それに、わかい大工さんは町に住んでいた。だから、昔は村に住んでいて、今は町に住んでいる。

(3) 主役を検討する

次は、主役は誰かを聞いた。登場人物を確定したのを受けての発問である。

『わらぐつの中の神様』の主役は誰ですか。

この問いの後、主役について、「主役とは行動や考え方がガラッと変わった人です」と説明した。次の人物が出された。

①おみつさん
②マサエ
③わかい大工さん

理由を発表させた。代表的な意見のみ示す。

おみつさん

おみつさんはおばあちゃんのことで、おばあちゃんがわらぐつの中に神様がいると思っていることは、最初と最後で同じだけど、おみつさんは自分の作ったわらぐつを不格好と言っていて、わらぐつの中に神様がいるとは思っていない。大工さんに会うまでは、わらぐつの中に神様がいないと思っていて、若い大工さんに神様がいると教えてもらったから。

マサエ

最初わらぐつの中に神様がいないと思っていたけど、最後に神様はいると考えが変わったから。

わかい大工さん

『わらぐつの中の神様』が題名で、わかい大工さんが、「使う人の身になって、心をこめて作ったものには、神様が入っているのと同じ」と言っているから。

理由を一通り発表させた後、このように言った。

主役とは、考えや行動がガラッと変わった人と言いました。その考えで言うと、主役はマサエということになります。わらぐつに対して考えが変わっているからです。
おみつさんという意見も有力です。確かに、若い大工さんに、わらぐつの中に神様がいることを教えてもらってから考えが変わっています。理由をきちんと挙げていていいことです。
若い大工さんと考えた人は、題名や大工さんのセリフに目を付けたのはさすがです。題名は確かに大事です。でも、大工さんの考えは変わっているとは言えません。
マサエ◎、おみつさん○、若い大工△とします。

子どもたちの意見は、「なるほどと思った。確かに、おみつさんの考えは変わっている。おみつさんを主役と考えられないこともない」。

そうすると、主役、対役を二通り考えられることになる。（なお、対役とは、主役の考えや行動を変えさせた人物のことである）

主役……マサエ、対役……おばあちゃん

主役……おみつ、対役……わかい大工

２部の過去の話だけなら、主役……おみつ、対役……わかい大工でいいだろう。しかし、『わらぐつの中の神話』全体の話では、主役……マサエ、対役……おばあちゃんと考えるのが妥当だろう。

（４）マサエの気持ちの変化を検討する

『わらぐつの中の神様』のポイントの一つは、気持ちの変化である。まず、マサエの気持ちの変化を聞く。ここでは、どのように変化したのか、変化したことがわかる言葉を探させた。

マサエの気持ちの変化を浮き彫りにするために、このように聞いた。

マサエの気持ちは、どのように変化したのですか。それがわかる言葉に線を引きなさい。

最初の部分は、三箇所に分かれた。

①やだあ、わらぐつなんて、みったぐない。
②わらぐつの中に、神様だって。
③そんなの迷信でしょ。

最後の部分は、すぐに決まった。

・この雪げたの中にも神様がいるかもしれないね。

「そんなの迷信でしょ」のそんなのとは、何を指していますか。

• わらぐつの中には神様がいなさるでね。

そこで、このように言った。

最初は、「わらぐつの中に神様だって。そんなの迷信でしょ。」の部分です。そして、最後には、「この雪げたの中にも、神様がいるかもしれないね。」となります。

念のため、迷信の意味を聞いた。辞書をさっと引く子が何人もいる。

迷信……理屈に合わなくて、正しくもないことを信じること。人を迷わせるあやまった信仰である。

このように板書した。

迷信→神様がいるかもしれない

続いて、『わらぐつの中の神様』の前半のハイライトの問いを出す。

マサエの気持ちが変わったのはどこですか。

先の発問は、どのような考えから、どのような考えに変わったか聞いたわけだ。今度の問いは、

その変化した箇所をピンポイントで答える問題だ。

次の五箇所が出された。
①Ｐ22Ｌ６「おみつさんて、それじゃ、おばあちゃんのことだったの……」（６人）
②Ｐ20Ｌ８「使う人の身になって、心をこめて作ったものには、神様が入っているのと同じこんだ。」（10人）
③Ｐ21Ｌ５「そいで、大工さん、おみつさんのことを、神様みたいに大事にした。」（６人）
④Ｐ23Ｌ５「ふうん。だけど、おじいちゃんがおばあちゃんのために、せっせと働いて買ってくれたんだから……」（11人）
⑤Ｐ20Ｌ13「どうだい、いい話だろ。」（３人）
完全に意見が分かれた。それぞれ、そう考えたわけを発表してもらった。
この後、次のように言った。

この五つの中でおかしいものがあれば言ってください。

結局、③と④が残った。

マサエの気持ちが変わったのはどこかという問題の続きです。
③Ｐ21Ｌ５「そいで、大工さん、おみつさんのことを、神様みたいに大事にした。」

④P23L5「ふうん。だけど、おじいちゃんがおばあちゃんのために、せっせと働いて買ってくれたんだから、この雪げたの中にも、神様がいるかもしれないね。」の二つが残りました。このどちらですか。
意見のある人は言ってください。

ここで、一九分間討論が続いた。一三人の子たちが、のべ三三回発言していった。この間、教師は何も言っていない。
「神様」と「神様みたい」のちがい、「雪げたの中には」と「雪げたの中にも」のちがい、「神様がいるかもしれない」と「神様がいる」とのちがい、「ふうん」の意味、「質問」と「意思」のちがい、前後の文脈からの考察など様々な意見が出された。
最後に、このように言った。

根拠をもって自分の意見が言えてすばらしかったです。自分なりの根拠をもって意見を言うことが大切なのです。自分なりの根拠をもっていれば、どちらでもかまいません。

(5) おばあちゃんの気持ちの変化を検討する

次に、おばあちゃんの気持ちは変化しているのか、していないのか聞いた。

おばあちゃんの気持ちは変化しましたか。

した……二名
していない……三五名
わけを発表してもらった後、このようにまとめた。

おばあちゃんの考えは、1部と3部では変わっていません。しかし、若いころのおばあちゃん、すなわち、おみつさんまで含めれば、おばあちゃんの考えは変わっています。これは、おみつさんまで含めるか含めないかで変わってきます。

ここで、ひとつ言葉の問題を出した。

このように一つひとつの言葉にこだわることも大切なことだ。

さっき『不細工なわらぐつ』と出てきましたね。それに対して、『不格好なわらぐつを買ってくれる』『あんな不格好なわらぐつで』と『不格好』という言葉が出てきますね。

不細工と不格好とはどうちがうのですか。

これは、辞書で調べればすぐわかる。

不細工……出来上がりが下手なこと。つくりの具合が悪いこと。つくり方が下手な様子。
不格好……姿や形の悪いこと。かっこうの悪いこと。
不細工とはつくりが悪いこと、不格好とは格好が悪いこととまとめた。
このあと、さらに、追究するべきであった。
たとえば、このように聞く。

おみつさんの作ったわらぐつは、不細工なのですか。不格好なのですか。

おみつさんは、どういうとき不細工だと思い、どういうとき不格好だと思ったのですか。

(6) おみつさんの人柄とおみつさんの作ったわらぐつを比べる

『わらぐつの中の神様』では、「わらぐつ」もポイントのひとつである。まず、おみつさんとおみつさんの作ったわらぐつを比べさせた。

ノートにまとめさせた後、ノートに書かれたものをどんどん発表させた。

おみつさんの人柄……気立てがやさしく、いつもほがらかにくるくると働いて、村じゅうの人たちから好かれていた。

おみつさんが作ったわらぐつ……変な格好で、右と左と大きさがちがい、首をかしげたみたいに足首の上のところが曲がっていて、底もでこぼこして、ちょっと置いてもふらふらする。その代わり、上からつま先まで、すき間なくきっちり編みこまれていてじょうぶ。
わらぐつは不格好だけど、じょうぶに編まれていてがんばったということがわかる。だから、おみつさんと、わらぐつは似ていると思う。おみつさんも、わらぐつも、特別美しいわけではないが、じょうぶで使いやすい（よく働く）ところが似ている。

他の子も、ほぼ同様である。
ここは、どんどん発表させて終了とした。最後に、「おみつさんと、おみつさんの作ったわらぐつはよく似ているんだね。その人の性格と、作られた作品はよく似ているということだね」とコメントした。

（7）おみつさんは、わらぐつの何（どこ）を見ているか

ここでは、おみつさんはわらぐつのことをどう思っているのか。それに対して、大工さんはわらぐつのことをどう思っているのかを聞いた。わらぐつにこだわった発問である。

ここも、ノートにまとめさせてから、どんどん発表させた。

P19L7とP15L4のところで、わらぐつのことを不格好とか不細工とか言っているから、おみ

つさんはわらぐつの外見を重視して見ている。

ただし、おみつさんについては、このような意見もあった。

P13L3「その代わり、上からつま先まで、きっちりと編みこまれていて、じょうぶなことはこの上なしです」のところは、おみつさんはわらぐつのことを、不格好だけれど、きっちり編んであって、じょうぶなことを見ている。

ここで、おみつさんは、「外見、不格好なところ、不細工なところ」を見ているとなった。
しかし、「じょうぶなところ」「長もちするところ」という子も少数ながらいた。

(8) 大工さんは、わらぐつの何(どこ)を見ているか

ここも、ノートにまとめさせてから、どんどん発表させた。

P19L4のところで、大工さんは「いい仕事は見かけで決まるもんじゃなくて、使いやすくじょうぶで長もちするように作るのがほんとのいい仕事」と言っているから、大工さんは、わらぐつの外見じゃなく、わらぐつの使いやすさじょうぶなところなどの部分を見ている。

結局、外見でなく、使いやすさやじょうぶなところを見ているとなった。

(9) 大工さんは、いつ、おみつさんを好きになったのか

わらぐつの中の神様は、若い大工さんとおみつさんの出会いの話とも言える。
そのため、大工さんがおみつさんを好きになったのはいつか。また、おみつさんが大工さんを好きになったのはいつかを検討させることにした。

これは、文を探させることにした。場所を確定させるわけである。場所を確定させる発問は、意見が分かれやすい。討論するのに向いている発問といえる。

大工さんは、いつ、おみつさんを好きになったのですか。

次の五通りの意見が出された。

①P16L4「このわらぐつ、おまんが作んなったのかね。」(17人)
②P18L12 すると、大工さんはちょっと赤くなりました。(18人)
③P17L6「そのわらぐつ、くんない。」(1人)
④P16L7「ふうん。よし、もらっとこう。いくらだね。」(1人)
⑤P17L13 その次の市の日にも、また、あの大工さんが来て……、その次も、またその次も……(1人)

ここも、同じように、理由の発表、ちがうものの発表、二つに絞り討論と進めていった。
最後には、①となった。

この時、このことを聞くとおもしろかった。

大工さんは、おみつさんの作ったわらぐつを仕事場の仲間や、近所の人たちにあげたのですか。

これも意見が分かれるだろう。何度も何度も会いに行くことの理由が解明されるかもしれない。

⑽　おみつさんは、いつ、大工さんを好きになったのか

続いて、逆の立場から問う。

おみつさんは、いつ、大工さんを好きになったのですか。

次の三通りの意見が出された。
①Ｐ18Ｌ3　おみつさんは、いつの間にか、その大工さんの顔を見るのが楽しみになっていましたが……（28人）
②Ｐ20Ｌ5　白いほおが夕焼けのように赤くなりました。（3人）
③Ｐ19Ｌ7　自分といくらも年のちがわないこの大工さんが、なんだかとてもたのもしくて、えらい人

のような気がしてきたのです。（４人）

このときも、理由の発表、ちがうものの発表、二つにしぼり討論へと進めていった。

結局、①28人→30人、②３人→１人、③４人→４人となった。一度、自分の考えをもつと、なかなか変わらない面がある。理由がしっかりと言えればよしとした。

⑪ 主題の書き方を知り、主題を考える

最後に、主題を書かせた。

その前に、主題の書き方を簡単に教えた。

> 主題を書かせるときに、ワシントンの桜の木の話などをして、主題の書き方の説明をすることが大切だ。ここでは、初めて主題を書かせたので、先に説明を入れた。

> ワシントンの桜の木のお話を知っていますか。ワシントンは桜の木を切ってしまいました。そして、そのことをお父さんに正直に言いました。このお話の主題は、「正直に生きることは大切だ」などとなります。「桜の木を切ってはいけない」ではないのです。主題を書くときには、お話に出てくる登場人物や物を入れてはいけません。「通常、人生とは～、人間とは～が大切だ」などとなります。「大切だ」とか「美しい」とか価値判断を入れるわけです。

主題は何ですか。ノートに書きなさい。書けたら見せにいらっしゃい。

ノートを見せに来た子から、どんどん板書させていった。
また、板書し終わった子や、主題を書き終わった子には、このように言った。

主題をそう考えた理由を書いていなさい。

さて、主題である。次のものが板書された。（実際は一三人）
・仕事とは、使う人の身になってじょうぶで使いやすい物を作ることが一番いい。
・人が仕事をすることは決して簡単ではない。使う人の身になりながら心をこめて作るのが大切！
・物を作るとき心をこめてつくれば、少しぐらい格好が悪くてもいい。
・人生とは見かけで判断しちゃいけない。
・人が何かをほしいと思うなら、努力して物をつかむ。
・仕事とは、使う人の身になって作るのが大切だ。
・良い物とは、心をこめて作ったものである。
・人や物は、見かけや形では、価値は決まらない。
・心をこめて作る物や大切に使う物には神様がいる。
一人ひとりに読ませた。すべてに◯をつけた。

主題は自分がそう考え、理由を言えればいいのです。ただし、価値判断を入れること、登場人物を入れないことが大切です。

⑫ 主題を考えた理由を発表する

板書されたものの中から、主題を考えた理由を発表してもらった。二つ紹介する。

仕事とは、使う人の身になって作るのが大切だ。なぜなら、P19L6に「使う人の身になって、使いやすく、じょうぶで長持ちするように作るのが、ほんとのいい仕事ってもんだ」って書いてあって、使う人の身になって使いやすく、じょうぶっていうことがだいじかなあと思って決めました。

ここの部分を根拠に挙げている子は、他にもたくさんいた。この大工さんのセリフは、この作品のモチーフを表していると言える箇所だ。引用としては的確である。

良い物とは、心をこめて作ったものである。なぜなら、P20L8に「使う人の身になって、心をこめて作ったものには、神様が入っているのと同じこんだ」と書いてある。ということは、「神様が入っているもの＝いいもの」「心をこめてつくったものはいいものとなる」からだ。

P20L8も大切なセリフだ。そこから、自分なりにまとめたわけだ。

このようにして、主題を考えた理由を発表させると、なぜそのような主題を考えたのかがよくわかる。

3 五年『大造じいさんとガン』（椋鳩十）の研究授業

『大造じいさんとガン』で研究授業をするなら、ひとつは、大造じいさんの気持ちの変化を問うのがいい。大造じいさんの残雪に対する気持ちの変化を追究する。「ううむ」と「ううん」のちがい、じゅうをおろした場面など取り上げたいところはいくつもある。また、主役を問うのもおもしろい。主役は、大造じいさんと残雪に分かれる。それぞれの考えを発表し、話し合うのもおもしろい。

さて、研究授業までに押さえておきたいこと、やっておきたいことを授業場面をもとに説明していく。

(1) 設定を検討する

物語教材の場合、最初に設定（人物・場所・時）はやっておきたい。
実際の授業の様子である。

> 1　登場人物は誰ですか。

この時、登場人物とは「人間のように思ったり行動したりする人物のこと」と説明した。
次のものが挙げられた。
・大造じいさん・残雪・わたし（語り手）・計略で生け捕ったガン・ハヤブサ・知り合いのかりゅうど

・イノシシ狩りの人々

登場人物の確定は、意外に難しい。

「計略で生け捕ったガン」「ハヤブサ」「知り合いのかりゅうど」「イノシシ狩りの人々」が消された。

大造じいさんは、登場人物だ。

問題は、「残雪」と「わたし」だ。意見が分かれた。

残雪は、確かに行動している。しかし、思ったことが書いてあるかどうかが問題だ。

そこで、このように聞いた。

「『残雪』が思ったことや考えたことには、多くの場合『らしいのです』がついています。これはどういうことですか」

そして、次のように板書した。

感じた。
感じたらしい。

違いを聞いた。「感じた」は、実際に感じたこと。「感じたらしい」は、残雪が思ったことではない。残雪がそう思っていると予想していることだと出た。

しかし、残雪は、人間のように行動している。行動という面から考えれば登場人物と考えられる。

また、「わたし」にしてもそうだ。直接、物語には出てこないが、「わたしは、その折の話を土台として、この物語を書いてみました。」とある。だから、登場人物だという。

結局、「大造じいさん」は登場人物。仲間を率いたり救ったりして行動しているということで「残雪」も登場人物。「わたし」も語り手として登場しているとなった。

しかし、そうすると、「ハヤブサ」や「おとりのガン」も行動していることになる。しかし、「人間のように」行動しているとは言い難い。

このように、登場人物の検討はなかなかやっかいな面がある。

2　場所はどこですか。

これは、すんなり決まる。「栗野岳のふもとの沼地」だ。

3　いつの話ですか。

これもすんなり決まる。「今から三十五、六年前」である。

(2) 大造じいさんは何歳か検討する

おじいさんの年齢も扱っておきたい。

大造じいさんというから、歳《とし》をとっていると思いがちだからだ。

4　大造じいさんは何歳ですか。

これは、三十七歳から四十歳ぐらいである。
ガン狩りの話をしているときは七十二歳だから、今から三十五年前として三十七歳になる。話の中で、多少、歳をとってくるから幅をもたせた。
そうすると、この問題が出てくる。

三十七歳~四十歳なのに、どうして「大造じいさん」と呼ぶのですか。

子どもたちの意見はこうだ。
・前書きに「大造じいさん」と書いてあるから、話を進めるときも「大造じいさん」と言っている。
・この話をしている時は「大造じいさん」と言うから、そのままの呼び名で言っている。
・大造じいさんが七十二歳のときにガンの話をしたから、「大造じいさん」と呼んでいる。

(3) 場面ごとに作戦名をつける

まず、何年間のことが書いてあるか聞いてみた。

5　何年間のことが書いてありますか。

これは、次のように分かれた。

①二年間とちょっと
②三年間と一〜三ヶ月
③三年と半年
④四年間
ここでは、四年間、または三年と半年とした。

6 いくつの場面に分けられますか。

ここは、すんなり4場面となる。
この後、このように聞いた。

7 1〜3場面を、それぞれ○○作戦と名前をつけなさい。

これは、要約の一種だ。それぞれの場面を短く○○作戦とまとめさせたわけだ。
それぞれこのようになった。

1場面
・つりばり作戦・うなぎつりばり作戦・タニシを付けたつりばり作戦
これは、「つりばり」という言葉が入っていればよいと考え、三つのうちどれでもよいとした。

2場面

・え作戦・大量のえさ作戦・タニシ作戦・タニシ大量作戦・じゅうをうっちゃうぜ作戦

これは、「タニシ」という言葉が入っていればよいと考え、「タニシ作戦」「タニシ大量作戦」がよいと言った。

3場面

・おとり作戦・ガン囮作戦（漢字で書いてあった）・ガン作戦・おとりでひきつける作戦・口笛作戦

これは、「おとり」という言葉が入っていればよいと考え、「おとり作戦」「ガン囮作戦」がよいと言った。ここで、おとりの意味を聞いた。

ここで、ひとつ、言葉の問題を出した。

「最期の時を感じて、せめて頭領としての威厳を傷つけまいと努力しているようでもありました」とあります。

最期の時の「さいご」を漢字で書きなさい。

教科書を見せずに書かせた。予想どおり、「最後」と「最期」に分かれた。半々ぐらいだった。すぐに、辞書で調べさせた。

最期……死ぬとき、死ぬ間際、死ぬこと
最後……一番あと、いちばん終わり

この場合は、「最期」が正解である。このように、見過ごしやすいことも聞いてみたいことだ。

(4)「ううむ」と「ううん」を検討する

次に、「ううむ」と「ううん」を扱った。

まず、ノートに視写させる。

P77L14

「ううむ。」

大造じいさんは、思わず感嘆の声をもらしてしまいました。

P80L7

「ううん。」

とうなってしまいました。


視写させた後、このように問う。

大造じいさんは、「ううむ。」と「ううん。」は、どんな気持ちで言ったのですか。

ノートに自分の意見を書かせた。その際、このように板書して書き方を示した。

「ううむ」……気持ち
理由……
「ううん」……気持ち
理由……

一人の子のノートを示す。

「ううむ」……残雪に負けてくやしいと思っているけど、感心している。
理由……「ううむ」という言葉の後に、「感嘆」という言葉が出ているから。「感嘆」という言葉の意味は、たいへん感心してほめることだから。
「ううん」……またしても残雪にやられてしまって、苦心しているから出てきた言葉。
理由……「うなってしまいました」の「うなる」とは、苦しんで声を出すという意味なのでそう考えた。

ノートに書いたものをどんどん発表させていった。多くの子が例に挙げたようなことを書いた。
最大のポイントは、「感嘆の声」と「うなる」である。

「ううむ。」大造じいさんは、思わず感嘆の声をもらしてしまいました。
「ううん。」と、うなってしまいました。

また、「ううむ」の後に、「どうしてなかなか、あの小さい頭の中に、たいしたちえをもっているものだ」と書いてあることや、「ううん」の前に、「またしても、残雪のためにしてやられてしまいました」と書いてあることからも導き出せる。この部分から引用している子もたくさんいた。

「ううむ」「ううん」は、大造じいさんの気持ちの変化が読み取れる一語である。取り上げたい部分だ。

研究授業で扱う場合には、もう少し細かいステップを踏んだ方がいいかもしれない。
このようにするとよい。

①うなぎつりばり作戦の後、大造じいさんはどんな声を出しましたか。
②タニシ作戦の後、大造じいさんはどんな声を出しましたか。
③それぞれ声に出して言ってみましょう。
④「ううむ」は、どんな気持ちで言ったのですか。
⑤どの言葉からそう考えたのですか。
⑥「ううん」はどんな気持ちで言ったのですか。
⑦どの言葉からそう考えたのですか。

⑧次のおとり作戦では、どのように変化しましたか。
⑨どの言葉からそう考えたのですか。

このように、一つずつステップを踏んでいくやり方もある。この方が安定して授業は進むだろう。

ここで、もうひとつ言葉の意味を聞いた。

	ガン	ハヤブサ
大きさ	長さ七二センチ程度	三五～四五センチ程度
食べ物	ドジョウ・タニシ・水生植物・穀類	ハト・キジ・カモなどの鳥やうさぎなど
くちばし	太い、先が丸い	するどくとがっている
つめ	水かきがついている	するどくとがっている
羽	幅四〇センチ程度	幅三二センチ程度
まとめ	草食性の鳥、群れで飛ぶ	肉食で強そう、えものを捕まえる

「かりゅうど」と「ハンター」のちがいは何ですか。

かりゅうど……鳥やけものをとることを仕事としている人
ハンター……スポーツ・遊びとしてかりをする人

大造じいさんは、かりゅうどだと確認した。かりができなければ生活できなくなるのだ。大造じいさんのくやしさはどれほどか、このことからも推し量ることができる。

(5) ガンとハヤブサのちがいをまとめる

次に、この作業をさせた。

ガンとハヤブサのちがいを表にまとめなさい。

これは、野口芳宏氏の追試である。ガンとハヤブサのちがいを知ることで、残雪のとった行動の凄さを実感できる。
上のような表にまとめさせた。

(6) 大造じいさんの気持ちの変化を検討する

ここの大造じいさんと残雪の気持ちの変化は、研究授業をするのによいところだ。両方扱ってもよいし、どちらか一方に時間をかけて扱ってもよい。

大造じいさんの気持ちは変わりましたか。

全員、変わったという。

どこで変わったのですか。線を引きなさい。

次の箇所が出された。

①P77L15　思わず感嘆の声をもらしてしまいました。
②P82L13　大造じいさんの胸は、わくわくしてきました。
③P84L15　さっと、大きなかげが空を横切りました。残雪です。

④P85L3　が、なんと思ったか、再びじゅうをおろしてしまいました。
⑤P85L5　残雪の目には、人間もハヤブサもありませんでした。ただ、救わねばならぬ仲間のすがたがあるだけでした。
⑥P86L3　そのまま、ハヤブサと残雪は、もつれ合って、ぬま地に落ちていきました。
⑦P87L3　強く心を打たれて、ただの鳥に対しているような気がしませんでした。
⑧P87L5　残雪は、大造じいさんのおりの中で、一冬をこしました。

それぞれ理由を発表してもらった後、次のことをつけ加えた。

気持ちが変わったといっても、ガラッと変わったところです。

このことは、最初から言っておくべきであった。人数を確認した。

①4人　②1人　③0人　④19人
⑤5人　⑥1人　⑦12人　⑧0人

そこで、おかしいと思うものを消去していった。
次々と意見が出され、結局、この二つが残った。

④Ｐ85Ｌ３　が、なんと思ったか、再びじゅうをおろしてしまいました。
⑦Ｐ87Ｌ３　強く心を打たれて、ただの鳥に対しているような気がしませんでした。

しばらく討論を行った後、根拠をもって自分なりの理由を言えればどちらでもよしとした。

(7) 残雪の気持ちの変化を検討する

次に、残雪の気持ちの変化を聞いた。

残雪の気持ちは変わりましたか。

今度は、全員が変わっていないと言う。
残雪の気持ちが変わったかという問題を出した時に、残雪の行動から推測はできるが、気持ちは直接書いてないからわからないという意見が何人かから出された。
これは、もっともな意見だ。そこで、このように聞いた。

残雪の気持ちは書いてありますか。

残雪の気持ちは書いてないという。それではと、次のことを聞いた。

残雪の視点でなければ書けない文はありませんか。

次の箇所が挙げられた。

- 残雪の目には、人間もハヤブサもありませんでした。
- 残りの力をふりしぼってぐっと長い首を持ち上げました。
- ふと、いつものえさ場に、昨日までなかった小さな小屋をみとめました。

ここで、この文を板書した。

かれの本能はそう感じたらしいのです。

ここで、このように聞いてみた。

「かれの本能はそう感じた」「かれの本能はそう感じたらしいのです」
この二つの文はどうちがいますか。

「らしい」というのは、「予想する」「おしはかる」ということである。だから、語り手がおしはかっていることになる。「感じた」だけだと、残雪は確かに感じたということになる。

最初の三つの文は、語り手（話者）が、残雪に入っていなければわからないことだ。

しかし、それらの文が残雪の気持ちかどうかは難しい問題だ。この問題は、文を指摘するにとどめた。

(8) 主役を検討する

先に、研究授業をするなら、主役は誰かを検討するのもよいと書いた。ここの授業は、『大造じいさんとガン』の勉強でも最後の方に位置する。ここまで授業が順調に進んでいなければならない。また、ここは、発表には向いているが、討論にはなりにくいかもしれない。

大造じいさんとガンの授業もいよいよ大詰めを迎える。

まず、主役を聞いた。なぜかというと、主役は主題を担っているからだ。主役が決まらなければ主題も決まらないからだ。

主役は誰ですか。また、その理由は何ですか。(主役とは主題と一番関係のある人物)

このような結果になった。
大造じいさん……24人、残雪……12人
このような意見が出された(要約して示す)。

大造じいさん

・気持ちがたくさん書かれているから
・大造じいさんが多く登場しているから
・気持ちが変わっているから
・最初に出てくるから
・大造じいさんが中心に話が進んでいるから
・題名に「大造じいさん」が出てくるから
・大造じいさんが話さないと、残雪は出てこないから

残雪

・最後に残雪が目立っているから
・仲間を助けるなど目立っているから
・大造じいさんが主役なら、作戦のことを詳しく書いているはず
・大造じいさんのガンを助けたから
・仲間を助けるという信念を貫き通しているから
・リーダーとしておとりのガンをハヤブサから守ったから

ノートからそれぞれ一人ずつ紹介する

主役は残雪　その理由

大造じいさんが主役だったら、ガンをかることばかりで、この物語の一番大切なことは何ですかと聞きたくなる。だから、残雪が主役と考える。残雪は、鳥だけど、仲間を助けようとする気持ちを一番伝えたかったと考える。そのために、大造じいさんが必要だった。この話を読むと、すごい活躍をしているのは残雪だから、残雪が主役と考えた。それに、残雪が一番目立っている。

主役は大造じいさん　その理由

題名に『大造じいさんとガン』と書いてあって、ガンは付け足した感じだ。この話をよく読むと、確かに残雪がリーダーらしくて主役と考えられる。大造じいさんと残雪がいなければこの話は成り立たない。でも、大造じいさんが主役だ。なぜかというと、この話には、1、2、3の場面に大造じいさんの考えが書かれている。主役とはよく登場する人が主役と考えたこともあるが、主役には、考えや行動がはっきりと表れていることも大切だと考え選んだ。

残雪が大造じいさんに感動を与えてくれたから、大造じいさんの気持ちが変わり、最後、また戦おうとなった。つまり、残雪は対役で、その残雪が大造じいさんに何か心にひびくことを教えてくれて、大造じいさんの気持ちが変わった。この話は、大造じいさんの気持ちが変わっていくという話だ。（以下略）

（9）主題を考える

主題は何ですか。また、その理由は何ですか。

この時に、主役の書き方を教えた。

主題とは、作品の中で一番大切な考えのことです。書きはじめは、「人は〜」「人生とは〜」というふうに一般化して書きます。文末は、大切だ、などと価値を表す言葉を使います。

このような主題が出された。（板書させた）

- 生きるとは、どんなことがあっても曲がらないで立ち向かっていくこと。
- リーダーとは、仲間のことを大切に思う気持ち、そして、仲間を命がけで助ける心が必要だ。
- 挑戦とは、最後まであきらめずにやるものだ。
- ライバルとは相手を高め合っていくものだ。
- 人生とは、命がけで一番大切なものを守ることである。
- リーダーとは、最期の時を感じても、せめて頭領としてのいげんを傷つけないこと。
- リーダーとは、救わねばならぬ仲間のために、仲間を命がけで守ること。
- リーダとは、群れで行動し、時には仲間を助けることが大切だ。
- リーダーとは仲間のピンチを自分で助ける。

・頭領とは仲間を守るときには、命がけで仲間を守る。
・頭領とは、みかたを助けるとき、命にかえても仲間を助ける。
・生きるとは、何度も何度もあきらめずに挑戦することが大切だ。
・生きるとは、いろんな事を経験をして、努力をして生きていくこと。
・人とはひきょうな事をしたりせず、せいせい堂々とまっすぐでいる事が大切だ。

一般化して〇〇とは、と書けているのはよい。登場人物から離れてメタ認知しているのもよいことだ。しかし、最後に価値語をもってきてまとめることは難しかったようだ。しかし、主題は読者の数だけあるとも言える。どれも認めた。

また、主題を書かせるときに、同時に、主題をそう考えた理由もノートに書かせた。そうすることにより、なぜその主題を考えたのかがよくわかるからだ。ここでは、一人のみ紹介する。

主題を考えた理由

仲間がハヤブサにつかまったとき、自分からつっこんでいった。だから、仲間を命がけで助けようとする気持ちがある。椋鳩十さんも、それが大切だから伝えたかった。残雪は、自分はどうなってもいいから、ハヤブサにいどんで助けようとする気持ちに感動した。だから、仲間を思うおもいやりが必要、大切だと考えた。

4 六年『やまなし』（宮沢賢治）の研究授業

研究授業を行うなら、「五月」と「十二月」のクライマックス、「五月」と「十二月」の共通点と相違点、「五月」と「十二月」の世界の辺りがよい。一番盛り上がる場面だ。意見が分かれ討論になりやすいところだ。しかし、いきなり行っても授業は盛り上がらないだろう。順に、『やまなし』を解釈していく必要がある。

さて、順に授業場面を見ていく。『やまなし』では、音読から紹介していく。『やまなし』では、指名なし音読を中心に進めていった。指名なし発表、指名なし討論への布石の意味もある。

(1) 音読―最初の音読の進め方―

最初に一文追い読みを行った。その後、すぐに、一文リレー読みを行った。正しく読めているかを知るためでもある。

途中、「上る」と「上がる」の読み間違えが何回かあった。これは、「上る（のぼる）」「上がる（あがる）」と読まなければならない。送り仮名に「が」があるかどうかで決まる。

これは何も、読み方だけの問題ではない。「上がる」と「上る」では、意味もちがう。このことは、「2」で扱う。

さて、今回、音読では、指名なし音読をたくさん行った。いずれも、全員が音読した。最初の頃は、最後に近づくと、「まだ読んでいない人、どうぞ」と言ったが、何回かくり返すうちに、これも必要なくなった。また、ほとんどの場合、音読が途切れることはなかった。指名なし発表への布石でもある。

さて、指名なし音読の指示は、このように出した。

> 今から指名なし音読を行います。先生は、指名しませんから、自分から進んで立って音読します。一文だけです。同時に二人以上が立ったら、初めて読む人が優先です。それでも二人以上立っていたら譲ってあげてください。では、どうぞ。

(2)「上る、上がる、上(うえ)の方、上(かみ)の方」の意味の検討

次に、「上る」「上がる」「上(うえ)の方」「上(かみ)の方」の意味を聞いた。

なぜこの読みにこだわるのかというと、「上」「下」という読み方がたくさん出てくるからだ。

例えば、このような文が出てくる。

- 上の方へ上っていきました。
- 下(しも)の方へ行きました。
- 上(かみ)の方へ上りました。
- 上の方へ上ったようでしたが、
- 上へ上っていったよ。
- また上へ上っていきました。

これらの文を正確に読み、また、正確に意味もつかまなくてはならない。

まず、送り仮名のちがいにより「のぼる」と「あがる」と読みがちがうことを教えた。

その後、意味のちがいを聞いた。

「上る」と「上がる」ではどうちがいますか。

まず、「上る」を聞いた。

辞書には「上の方へ行く」と書いてある。用例としては、「坂道を上る」とある。続いて、このことも聞いた。

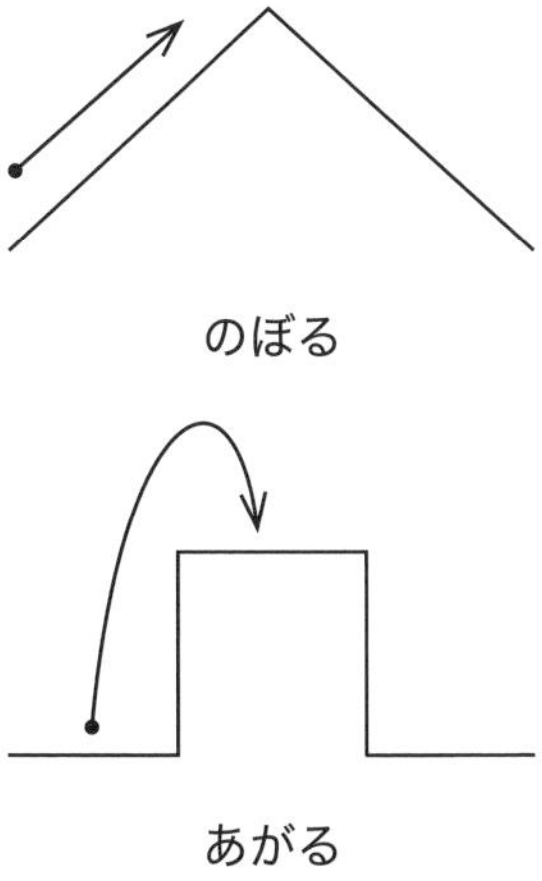

「上る」と「昇る」と「登る」ではどうちがいますか。

「昇る」は、「空の方へあがる」で「朝日が昇る」などと使う。「登る」は、高いところへ行くで「山に登る」と使うことを説明した。

次に、「上がる」を聞いた。

辞書には「下から上の方へ行く」と書いてある。用例としては、「二階へ上がる」とある。

小学生用の辞書ではこれ以上は無理だ。
そこで、『基礎日本語辞典』（角川学芸出版）で調べたことをもとに、以下のようなことを簡単に説明した。（図参照）

「あがる」は瞬間動作であり、すでに行われた動作・作用の結果を表す。
「のぼる」は継続動作であり、現在進行や継続動作・状態を表す。
その結果、「あがる」は目標点に、「のぼる」は移動する経路に視点がすえられる。

次に、このことも聞いた。

「上（かみ）の方」「下（しも）の方」では、どうちがいますか。

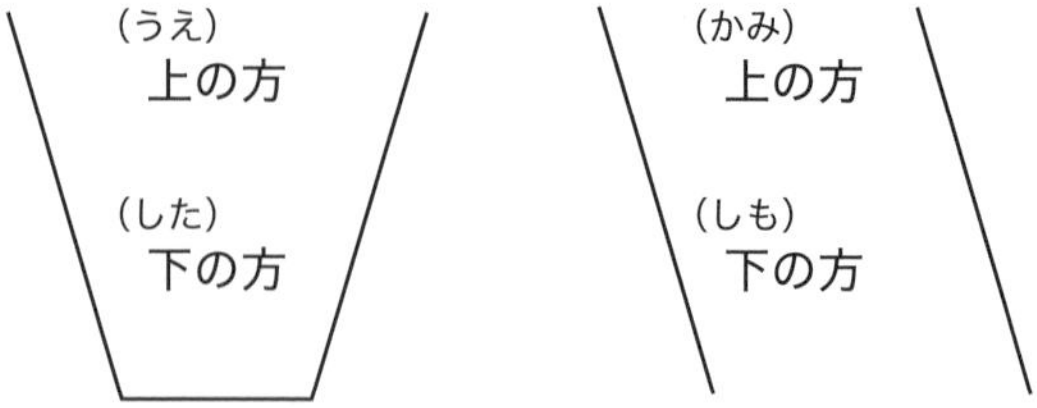

これは、すぐにわかる。「上（かみ）の方」は、「上流の方」ということであり、「下（しも）の方」は、「下流の方」ということだ。
また、これを「上（うえ）の方」「下（した）の方」と読むと意味がちがってくる。「上（うえ）の方」とは、「位置が高いこと」「高いところ」という意味だ。
図で説明する子もいた。

ある子は、次のような感想を書いた。

「上（うえ）の方」「上（かみ）の方」と「上（のぼ）る」「上（あ）がる」がちがう意味だということにびっくりしました。言葉って読み方一つで意味が変わって、おもしろいんだなと思いました。

（3）全体の構造を把握する

この後、『やまなし』の全体構造を扱った。

これは『わらぐつの中の神様』でも扱った。『わらぐつの中の神様』や『やまなし』のように、全体の構造がややつかみにくいものは授業で扱うとよい。

まず、題名と作者名を聞いた。これは、すぐにわかる。題名は『やまなし』、作者は宮沢賢治である。

この後、全体の構造を問うた。

『やまなし』を三つに分けます。どこで分かれますか。線を引きなさい。

これは、このようになった。

小さな谷川の底を写した二枚の青い幻灯です。
一　五月
二　十二月

私の幻灯は、これでおしまいであります。

ここで、「前書き」「本文」「後書き」の三つに分かれることを言った。
つぎに、このように聞いた。

『やまなし』を四つに分けます。どこで分かれますか。線を引きなさい。

これは、本文を「五月」と「十二月」に分ければよい。
ここまでのところは、確実に押さえておきたい。

（4）一字読解（八問）を行う

この後、一字読解を行った。簡単な問題を次々と、八問出していった（題名と作者名を聞いたので八問にした）。

出題範囲は、先の「前書き」「後書き」と「一　五月」、「二　十二月」だけとした。

問題と解答を示す。

（事前に一〇〇問考えてあったので、その中から八問選んで出した。『やまなし』のイメージをとらえやすいものを中心に出題した）

1　どこを写した幻灯ですか。

2　谷川とはどんな川ですか。
3　幻灯は、今でいうと何になりますか。
4　何月と何月を写した幻灯ですか。
5　幻灯の色は何色ですか。
6　「青」からどんな感じをもちますか。
7　「青」の漢字は、何と何からできた漢字ですか。
8　前書きと後書きの話者は誰ですか。

それぞれ、解答はこうである。

1　小さな谷川の底
2　山と山の間のくぼみにできた川
3　スライド映写機・プロジェクター
4　五月と十二月
5　青
6　静かで落ち着いている感じ。やさしい感じ。きれいな感じ。すがすがしい感じ。
7　上の部分……青い草の芽生え。下の部分……井戸の水に清水がたまったさま。
8　私

話者は誰か聞いた問題では、「前書き」と「後書き」は一人称視点であるため、宮沢賢治でもよしとした。本来なら、「私」または、「幻灯を写している人」となるはずだ。

ここでは、「青」にこだわってみた。「青」に関する問題を三問入れた。

なお、スクリーンの位置を問う問題は、時期尚早と考え行わなかった。『やまなし』実践の終わりの方にもってくることにした。

(5)「五月」と「十二月」の時間を検討する

いよいよ、「五月」と「十二月」の世界の検討に入る。

> 設定ついて覚えているだろうか。設定とは、「時、場所、登場人物」のことである。場所については、一字読解ですでに扱った。ここでは、設定の中の「時」を聞いた。難教材『やまなし』であろうと、作品全体を分析するものさしは同じだ。

「五月」と「十二月」は対比的に扱われているため、二つの世界を同時に扱う発問が多い。まず、このように聞いた。

> 「五月」の世界と「十二月」の世界は、それぞれ一日のうちのいつ頃ですか。

これは、次のようになった。
「五月」……朝・明け方。
「十二月」……夜（午後八時〜十時くらい）。

「五月」が明け方なのは、「にわかにぱっと明るくなり、日光の黄金は、夢のように水の中に降ってきました」と書いてあるから。また、その前は、「つぶつぶ暗いあわ」や「水銀のように光って」と書いてあるから、まだ暗い時だという。

「十二月」が夜（午後八時〜十時くらい）なのは、「あんまり月が明るく」「もうねろねろ」「ラムネのびんの月光」「あしたイサドへ」などを理由として挙げた。

ここでは、「朝と夜の世界」、「日光と月光の世界」と対比的にとらえることが必要だ。

(6)「五月」と「十二月」の話者の位置を検討する

子どもたちに、「五月」と「十二月」の話者の位置を聞いた。これは、同時に、この作品の視点を聞くことにもなる。このように聞いた。

> 「五月」と「十二月」の話者の位置はどこですか。情景を絵で表して目玉を書き入れなさい。書けたらノートを見せに来なさい。

いきなり、このように聞くことは難しい。話者とか、目玉というものに慣れていなければならない。そのために、『やまなし』の授業に入る前に、『春』（安西冬衛）の授業を行った。（注：「てふてふが一匹韃靼海峡を渡っていった。」の詩で、話者の位置を目玉で描かせた）

情景を描き、話者の位置を書き入れた子から、どんどん板書させていった。

写真のようになった。

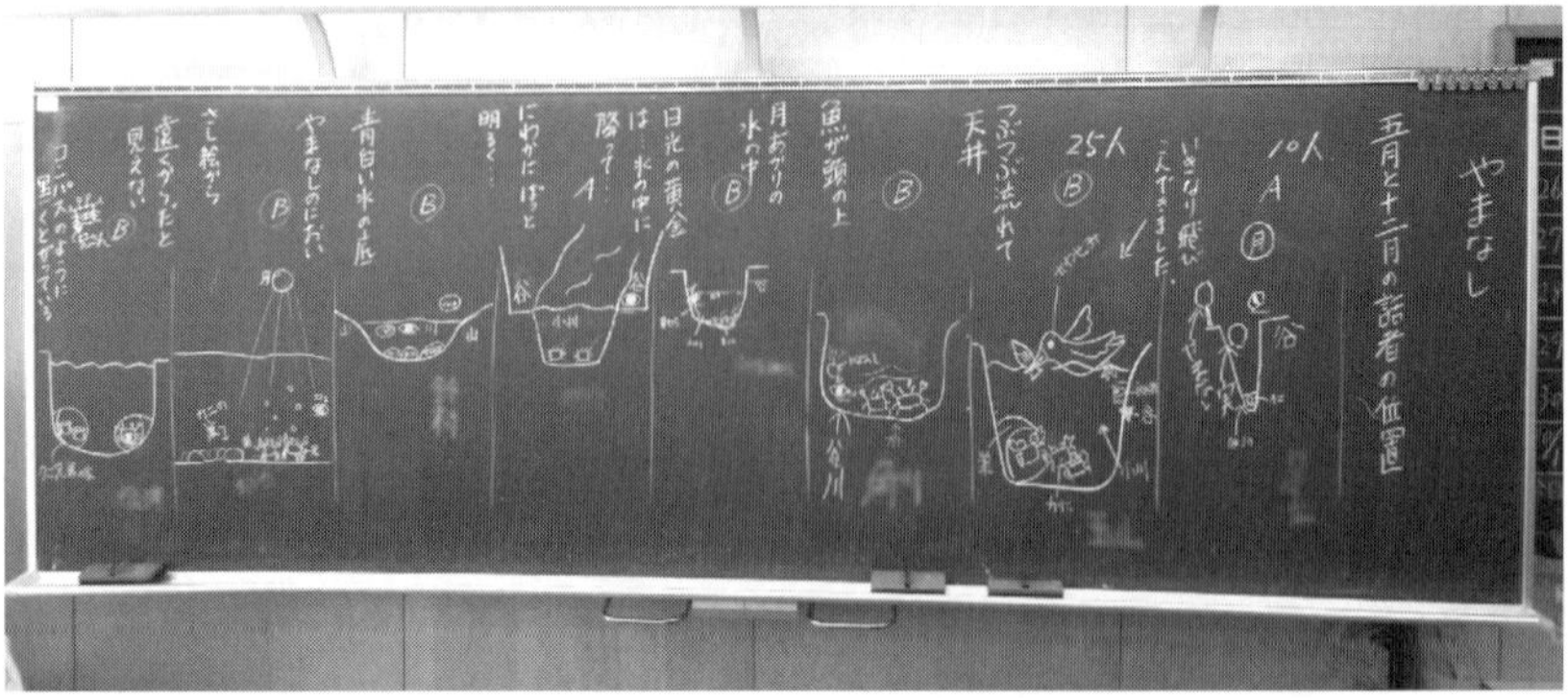

大きく分けると、話者が小川の上から見ているものと、小川の中から見ているものに分かれた。小川の中6名、小川の上2名である。まず、板書した子に、絵の説明をしてもらった。理由の言える子には理由も言ってもらった。その後、図を大きく二つに分けた。

話者が小川の上から見ている図……A
話者が小川の中から見ている図……B

どちらに賛成するか人数を調べた。

A……10人
B……25人

その後、指名なし発表に移った。

板書の絵に対して意見のある人はどうぞ。

これは、「天井」や「水の中に降ってきて」や「魚が頭の上」や「やまなしのにおい」や「飛びこんできて」などから、話者は小川の中にいるとなった。

小川の中でもさらに、かにの中とかにの外に分かれた。一人だけお父さんがにの中に描いた子がいたからだ。これは、おとうさんがにが兄弟のかにを見ている場面があるからだという。

そこで、この文を板書した。

コンパスのように黒くとがっているのも見ました。

かわせみを見たのは、おにいさんのかにだ。しかも、「黒くとがっている」ように見えたのもお兄さんのかにだ。この時は、おにいさんの中に話者が入っていることになる。

だから、話者の位置は、ほとんどは「小川の中」であるが、かにの兄弟の中に入るときもある。（三人称限定視点だ）

このように視点（話者の位置）を問うことにより、『やまなし』は、谷川の水の中の世界を、水の中から描いていることがわかる。しかも、時には、かにの兄弟たちにも視点が移動している。だから、臨場感もあり、喜びや悲しみがストレートに伝わってくるのだ。

(7)「五月」と「十二月」に出てきたものと「主役」と「対役」を検討する

今度は、設定の中の登場人物である。ここでは、登場人物というふうに聞かずに、「出てきたものすべて」と聞いた。これは、「かわせみ」や「やまなし」を出させるためである。正確には人物ではないが、「かわせみ」「やまなし」は、対役の役目をはたしているからだ。（対役とは、主役の気持ちや考え方を変えさせる人物のこと）

次は、「五月」と「十二月」に出てきたものを扱った。このように聞いた。

「五月」と「十二月」に出てきたものをすべて挙げなさい。

このようなものが出された。

「五月」……青白い水の底、クラムボン、鋼、あわ、魚、兄さんのかに、弟のかに（かにの子どもら）、ちいさなごみ、日光、お父さんのかに、かわせみ、かばの花、砂、光のあみ
「十二月」……弟のかに、兄さんのかに、あな、あわ、金雲母のかけら、丸い石、木の枝、月光、水晶のつぶ、波、金剛石の粉、お酒、遠眼鏡、かげ法師

この中で、「鋼」と「遠眼鏡」「お酒」「金剛石の粉」が反対された。「鋼」と「遠眼鏡」「金剛石」は、たとえとして出ているだけだ。また、「お酒」はまだできていない。

「鉄砲玉」「コンパス」「月光のにじ」「青白いほのお」は、同様の理由で、最初から出てこなかった。

続いて、主役と対役を聞いた。

「五月」と「十二月」の主役と対役に赤鉛筆で○をつけなさい。主役とは、一番重要な人物のことです。対役とは、主役の気持ちを変化させる人（もの）です。

ここは、すんなりと決まった。

五月……主役…かにの子どもら、対役…かわせみ
十二月……主役…かにの子どもら、対役…やまなし

(8)「五月」と「十二月」の事件を要約する

次は、事件の要約である。ここでは、「五月」の世界と「十二月」の世界の二つにした。「○○が」と書きはじめることを指定した。簡単に言うと、どんな世界なのかを要約する力も大事である。

「五月」と「十二月」の事件を短くまとめる。このように言った。

「五月」の世界を短く事件にまとめます。
「○○が」と書きはじめます。できたら、ノートを見せにきなさい。

三人に板書させた。このようになった。

魚が食べられた。　３人
かわせみが魚を食べた。　１人
魚がかわせみに食べられた。　33人

指名なし発表で進めた。「魚がかわせみに食べられた」となった。

「十二月」の世界を短く事件にまとめます。
「〇〇が」と書きはじめます。できたら、ノートを見せにきなさい。

このように板書された。

・やまなしが小川に落ちてきた。
・やまなしが天井から落ちてきた。
・やまなしが落ちてきた。
・やまなしが小川に流れた。
・弟のかにのあわの方が大きい。
・やまなしが天井から落ちてきた。

これは、「やまなしが天井から落ちてきた」となった。

今度は、「やまなしが小川に落ちた」と誰も書かなかった。前の学習が生きている。
結局、こうなった。

五月……魚がかわせみに食べられた。
十二月……やまなしが天井から落ちてきた。

(9)「五月」と「十二月」のクライマックスを検討する

『やまなし』の冒頭の部分にも書いたが、クライマックスを決めるところは意見が分かれ、討論になりやすい。研究授業をするなら、この部分も候補に挙げるとよい。

討論までの基本的な進め方はこのようである。

①クライマックスの説明をする。
②クライマックスをノートに書く。
③クライマックスを決めた理由をノートに書く。
④クライマックスを発表する。
⑤人数を確認する。
⑥理由を発表する。

⑦反対意見を発表する。
⑧二つに絞る。
⑨討論する。

実際の授業の様子である。

「五月」と「十二月」のクライマックスを聞いた。まず、クライマックスの説明をした。

クライマックスとは「主人公の気持ちがガラッと変わったところ」「ずっと変わらなかったところが、一つの文章で大きく変わったところ」です。

五月のクライマックスはどこですか。
線を引きなさい。線を引けたら、理由をノートに書きなさい。

次のようになった。（便宜上番号を付ける）

①そのときです。（16人）
②「いい、いい。だいじょうぶだ。」（6人）
③二匹はまるで声も出ず……（2人）
④「お魚は……」（12人）

まず、それぞれ理由を言ってもらった。

- 「そのときです。」の理由は、その瞬間に何かがはじまったということだからだという。また、その前まではあやふやだったけど、「そのときです。」から何か起こったということがはっきりしてくるからだという。さらに、鉄砲だまのようなものが飛びこんできた瞬間だからという。
- 「いい、いい、だいじょうぶだ。」の理由は、この時に、お父さんに慰められて、こわい気持ちがなくなったからだという。また、暗い感じから明るい感じに変わったからだという。
- 「二匹はまるで声も出ず……」の理由は、声も出ないほどこわい気持ちになったからだという。
- 「お魚は……」の理由は、ここから魚がかわせみに食べられる事件がはじまるからだという。

今の意見に対して、反対意見をノートに書きなさい。
（しばらくしてから）では、発表してください。（指名なし）

意見をまとめて記す。

②がおかしい。これは、会話が続いている。会話の中の一つだ。話がつながっているところだ。「こわいよ、お父さん。」と言って、まだこわがっている。

③はおかしい。前の出来事をふまえてのかにの様子なのでちがう。兄さんのかには、その前の「兄さんのかには……」のところからもうこわがっている。

④はおかしい。この時点では、まだ事件は起きていない。「お魚は……」は「……」があるから、少

し時間がたっている。まだ事件は起きていない。ここは、兄さんのかにと弟のかにが、まだ話をしているところだ。

④に対する反対意見に、さらに反対意見が出る。「そのときです。」の時には、まだ気持ちは変わっていない。かわせみを見て声も出なくなるほどこわい気持ちに変わった。

それに対して、さらに反対意見が出る。

「二ひきはまるで声も出ず、」の前に「兄さんのかにには、はっきりとその青いものの先がコンパスのように黒くとがっているのも見ました」と書いてある。これは、兄さんのかにのこわい気持ちを表している。鉄砲だまのようなものが飛びこんできた段階で、もうこわがっている。

これに対しては、反対意見が出ない。

結局、クライマックスは、「そのときです。」に決まった。続いて、「十二月」。

「十二月」のクライマックスはどこですか。
線を引きなさい。線を引けたら、理由をノートに書きなさい。

これは、全員が「そのとき、トブン。」となった。「かわせみだ。」とか、「そうじゃない、あれはやまなしだ。」も出るかと思ったが出なかった。これは、明らかに「五月」のクライマックスが影響している。

「五月」が、「そのときです。」だったので、「十二月」は、「そのとき、トブン。」にしたのである。「そのときです。」と「そのとき、トブン。」が対になっている。
ここは、理由を発表させてすぐに終えた。

⑽「五月」と「十二月」の共通点と相違点を検討する

ここからは、「五月」と「十二月」の共通点と相違点、「五月」と「十二月」の世界を問題にした。
ここは、討論というよりも、発表したり理由を言ったりということが中心になる。

まず、復習を兼ねて、一言で「五月」の世界と「十二月」の世界を言ってもらった。

五月……魚がかわせみに食べられた。
十二月……やまなしが落ちてきた。

この後、共通点と相違点を一度に扱った。

「五月」と「十二月」の世界の共通点と相違点をノートに書きなさい。

書けたらノートを見せに来させ、どんどん板書させていった。次のものが板書された。

共通点

- どちらもかわせみという言葉が出てきた。
- 二匹のかにが五月も十二月もしゃべっている。
- かにの子どもらが話しているときに、事件が起こった。
- かにの子どもらから見ている。
- かにの子どもらとお父さんのかにが見た事件。
- 五月も十二月もいきなり起きたこと。
- いきなり黒っぽい丸いものが小川の中に落ちてきた。
- かにの子どもたちが見ていた。
- 水の中から見た場面。

相違点

- どちらもかわせみという言葉が出てきたが、本当にかわせみが来たのは五月だけだ。
- 「食べられてしまった」と「目の前に落ちてきた」ということ。
- 「五月」の事件はかににとって悪いことで、「十二月」の事件はかににとってもうれしいこと。
- 水の中に落ちてきたもの（かわせみとやまなし）。

これではバラバラしているので、意見をもとに全体をまとめた。

> 共通点は、どちらも水の中から見ていて、いきなり起こったことである。そして、飛びこんできたものをかわせみと思った。

相違点は、五月はかわせみに食べられてしまうという悪い事件が起こっている。十二月はやまなしが落ちてきたといううれしい事件が起きている。

(11)「五月」と「十二月」の世界を検討する

次に、五月と十二月を一言で言うとどんな世界かを聞いた。

五月と十二月の世界を一言で言うとどんな世界ですか。ノートに書きなさい。

ノートに書けたら見せに来させ、どんどん板書させていった。（傍線は、板書したものの発表後、平松が引いた）

五月

- かわせみが訪れたため、かにらにとって危険な世界
- かわせみが魚を食べにくる谷川の世界
- ざんこくな世界
- こわい世界
- かににとっては悪い事件が起きた世界
- 暗い世界
- かわせみが魚を食べ、かにがこわがっている世界

意見をもとに、次のようにまとめた。

五月……かわせみが魚を食べにくるこわくて、危険で、残酷な世界。

十二月
- やまなしの登場で、かににとってしあわせな世界
- やまなしが落ちてくる谷川の世界
- やまなしが落ちて、かにがやまなしのことを話している世界
- 良い世界
- かににとってとてもうれしい世界
- かににとっては、いい事件が起きた世界
- 明るい世界
- うれしい世界

意見をもとに、次のようにまとめた。

「十二月」……やまなしが落ちてくる、幸せなうれしい世界。

⑫ スクリーンの位置を検討する

スクリーンの位置の検討をどこにもってこようか迷ったが、結局、『五月』と『十二月』の世界を

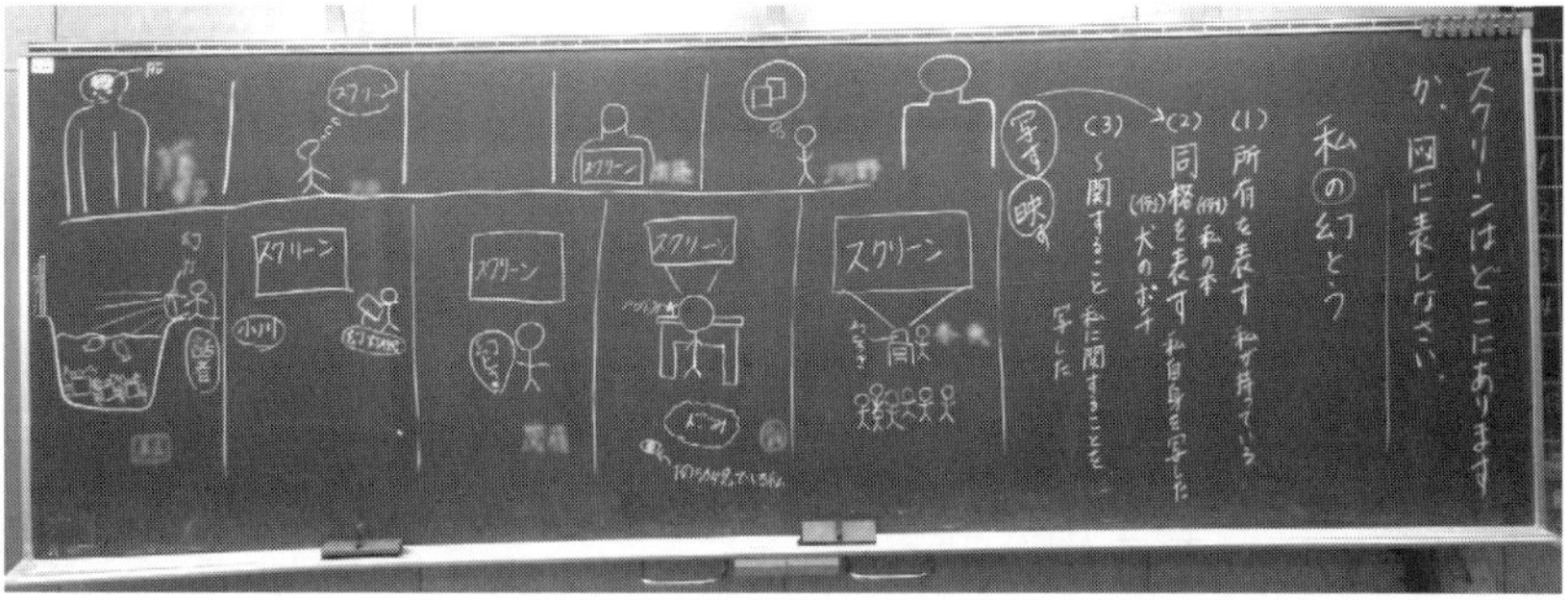

> まとめた後に、もってくることにした。『やまなし』は、賢治の心象世界、理想の世界を表現しているともとれる。そのためには作品の世界をある程度、理解した後の方がよいと考えたからである。

このように聞いた。

> スクリーンはどこにありますか。図に表しなさい。

写真のようになった。

全員が、撮影者がいてスクリーンがその前にある図である。撮影者の他に、視聴者がいる図もある。また、小川の中の様子を描いた図もある。

ここで「の」を検討することにした。

> 「私の幻灯は、これでおしまいであります。」の「の」には、どんな意味がありますか。

一斉に辞書で調べ出す。「の」と言っても辞書にはたくさん載っている。この場合の「の」にふさわしいものを見つけなくてはならない。

このような板書になった。

（1）所有を表す。私がもっている。（例）私の本
（2）同格を表す。私自身を写した。（犬のポチ）
（3）関連を表す。私に関することを写した。

ここで、このように言った。

幻灯をうつすというときには、ふつう、「映す」という漢字を使います。映画を映すというようにです。こちらの「写す」は、印象を絵や文章で表現するときや、元のとおりに似せて書き取るというときに使います。そうすると、（2）の同格と考えられます。

もう一度、スクリーンの位置を絵で表してごらんなさい。

今度は、上の三つが追加された。（板書参照）

「の」が同格なら、どうなるかと問題を出したわけである。ここで、「二枚の青い幻灯」とは、実際の幻灯ではなく、賢治の心の世界を写したもの、とも考えられると言った。

⒀ 題名を検討する

続いて、題名の検討を行った。これは、学習の手引きにもある問題だ。学習の手引きには、「なぜ、宮沢賢治は、『やまなし』にこの題名をつけたのだろうか」とある。また、続けて「『五月』と『十二月』を比べて感じたこと、わかったことから」と書いてある。このことも、すでに授業で行った。

どうして『やまなし』という題にしたのですか。

これもノートに書かせた。この問題については、座席順に全員に発表させた。抜粋で何人か紹介する。

- やまなしが、かに達に安らぎを与えるものだからと考える。かわせみでは、かに達がこわがるばかりで、うれしい安心した気持ちにならない。やまなしは、いいにおいがして、かにがうれしくなったからだ。かわせみが来て、今、死ぬかもしれないという恐怖より、やまなしの届けるうれしい気持ちの方がよいからだ。
- 「五月」は、弱肉強食の世界で、とても自然の厳しさが感じられる。それと同時に、かわせみなどはこわいと感じさせる。でも、やまなしは、かわせみなどとはちがい、恐ろしいものではない。厳しい世界だけど、やまなしは自然のめぐみを少しだけ、弱肉強食の世界に運んでいる。やまなしの実が落ちてきたことによって、生きていく希望がもてたり、生まれたりすることから、作者の宮沢賢治は、

「やまなし」にしたと考えた。

- なぜ「やまなし」という題名にしたのかというと、かにの兄弟の目の前で魚が食べられて、傷心になっているところを、やまなしが流れて来て元気づいたからだと考えた。この話には、「やまなし」がとても大切な役目があるからだ。
- 「やまなし」を主題にしたいため。かわせみの登場というのは、その恐ろしさの後に出てくるやまなしを、より良いイメージで良い印象にするため。その効果が出ている場面は、「いいにおいだな」や「おいしそう」などのかにの会話から読み取れる。あと、「十二月」の表現が「五月」の表現よりも明るくなっていることから。

⑭ 主題を考える

最後に、主題を扱った。まず主題の書き方を説明した。

主題とは、「人生とは」「生きるとは」「幸福とは」と一般化して述べます。また、「すばらしい」や「美しい」などの価値語を入れます。

『やまなし』の主題は何ですか。

何人かの主題を紹介する。

- 人は、人に安らぎを与えることがすばらしい。

・生き物が存在するこの世界は日々の生活で何が起こるかわからないが、その予測できない出来事が起こるからこそ、この世界は成り立っているのである。
・幸せとは自分の命を保てることである。
・人間の世界は、生きていく希望を与えてくれる平和な世界だ。
・人間の世界とはいきなりの出来事もあるが、元気でいれば幸せが訪れる。

難教材『やまなし』も、作品全体を分析する授業の方法を取り入れることにより、このように授業をすることができる。

5 六年『海の命』（立松和平）の研究授業

『海の命』は、作品全体を分析する分析批評の授業に適した教材だ。向山氏の『ひょっとこ』の実践をほぼそのまま踏襲できる。基本的な流れは『ひょっとこ』型の授業で行うが、もちろん、『海の命』固有の発問もある。このような作品固有の発問は、自分で考えたり追試したりして、より良い発問をつくっていかなくてはならない。さて、研究授業をするなら、クライマックスを特定する場面か、クライマックスの場面の前後の読み取りを行うかがよい。

さて、順に授業場面を見ていく。まず、音読から紹介する。ここでは、指名なし音読の進め方を少し詳しく述べた。

（1）音読―指名なし音読の進め方―

ここでは、音読から述べる。特に、指名なし音読の進め方についてやや詳しく述べる。

最初に一文追い読みを少しずつ区切って行った。一文リレー読みを一ページほど行った後、すぐに起立読みを入れた。追い読み↓起立読み↓追い読み↓起立読みと交互に進めた。この方が緊張感をもって進められる。

その後、すぐに、一文リレー読みを行った。正しく読めているかを知るためでもある。

その後、指名なし音読を行った。さて、指名なし音読の指示は、このように出した。

> 今から指名なし音読を行います。先生は、指名しませんから、自分から進んで立って音読します。一文だけです。同時に二人以上が立ったら、初めて読む人が優先です。それでも二人以上立っていたら譲ってあげてください。ただし、一瞬間があいたら二回目でも三回目でも読んでかまいません。では、どうぞ。

初めて読む子が優先だが、二回目、三回目も読んでよいことを言った。そうしないと、一回読んだからといって緊張感がなくなってしまうからだ。

実際に行ってみて、途切れることなく進んだ。途中、同時に立った子たちが、同時に読み出すことが何度かあった。その時は、教師の方で見ていて、早く立った子の名前を言った。これでスムーズに進んだ。

残り二ページほどになったところで、「まだ一度も読んでいない人」と聞いてみた。誰もいなかった。全員が自分から進んで立って読んだ。全員が読み終わってから、全員が自分から立って読んだことを褒めた後、次のように言った。

「自分から立って読んだ人は、題名の横にAと書いておきなさい。二回以上読んだ人はAAと書いておきなさい。友達に譲った人はAAAと書いておきなさい。」

自分から立って読むことはすばらしいことだが、人に譲ることはもっとすばらしいことを言うためであった。

(2) 設定の検討1（いつの話か）

設定とは、時、場所、登場人物であることは、すでに述べたことだ。

このように進めていく。最初は、時から行った。

いつの話ですか。

これは、列で指名していった。

「太一が子どものころから大人になるまで」と「太一が中学生から大人になるまで」と出た。これは、「子どものころから」と書いてあるから、すぐに「子どものころから」となった。続けて聞いた。

大人になるまでというけど、どんな大人になったのですか。

結婚して幸せな漁師になったと、村一番の漁師になったが出された。
このようにまとめた。

太一が子どものころから、大人になって村一番の漁師になるまでの話。

（3）設定の検討2（登場人物は誰か）

次に登場人物を聞いた。登場人物を扱う時には、定義を言うことが大切だ。こう言った。

人間のように考えたり行動したりする人のことを登場人物といいます。

次のものが出された。

太一、おとう（太一の父）、与吉じいさ、太一の母、仲間の漁師、クエ

クエが登場人物だと言う子が二人いた。よく出てくるからだという。
それに対して、クエは人ではないと反対された。それに対して、「殺されたがっていた」とクエの気持ちが書いてあるからいいという。

それに対して、「殺されたがっているのだと、太一は思ったほどだった。」と書いてある。これは、太一が思ったことでクエが思ったことではないと反論された。
クエは登場人物ではないとなった。

（4）設定の検討3（主役は誰か）

設定とは、「いつ、どこで、誰が」ということだ。誰がでは、中心人物（主役）も聞くとよい。

「海の命」の主役は誰ですか。

全員、太一だった。大事なのは、理由である。

なぜ、太一が主役なのですか。
理由をノートに書きなさい。

主役とは、「そのお話の中で一番重要な人物」とした。これ以上説明すると、次の発問の解答となってしまうため、あえて簡単な定義にした。
さて理由である。これらのものが出された。

- 太一から見て思ったことが書いてあるから
- 全部の場面に太一が出ているから

・太一のことがたくさん書いてあるから
・太一が年をとるにつれて物語が進むから
・最初の会話が太一だから
・太一の目線でストーリーが進んでいるから
・太一の視点で物語が進んでいるから
・太一が子どもの頃から大人までのことが書いてあるから
・太一の夢のことが、漁師になることから結婚するまでずっと書いてあるから

ここは、様々な理由が言えればよい。
ある子は次のような感想を書いた。

> 太一が子どもから大人になっていくのにつれて物語が進んでいくというのは、思いつきませんでした。太一の視点で書いてあるというのも思いつきませんでした。主役が太一だというわけが、こんなにたくさんあるなんて驚きました。主役が太一だというわけが、はっきりとわかりました。

(5) 設定の検討4 (場所はどこか)

あとは場所である。

> このお話の場所はどこですか。

列指名で指名していった。

・「海、海の中、海底」と進んだところで、「本州の中部より南の海」だという。どうしてそんなことがわかるのか聞いた。

教科書の欄外に、「クエの住んでいる場所が本州の中部より南の海」と書いてあるからだという。

他に聞いてみた。

・クエが生息している周辺、父が死んだ瀬、太一の海と出た。

念のため、瀬の意味を聞いてみた。

辞書には、「川や海の浅瀬」と「潮の流れの急なところ」とある。どちらか聞いた。「潮の流れの急なところ」だという。

私は、「海の近くの村」と付け足した。「クエが生息している父が死んだ瀬と海の近くの村」とした。

(6) 場面分けを行う

次は、場面分けを行った。

まず、いくつの場面に分かれるか聞いた。

> 海の命は、いくつの場面に分かれますか。

これは、簡単だ。一行空きで場面が分かれているからだ。ただし、ページの切れ目が一行空きのところが一箇所ある。そこは気を付けなければならない。

すぐに、6場面となった。教科書に場面を書きこませた。
場面ごとに要約するときに、1場面と5場面を二つに分けると要約しやすいと考え、1場面と5場面を二つに分けることにした。

1場面を二つに分けます。教科書に線を入れなさい。

これは、すぐに決まった。
「ある日、父は、夕方になっても帰らなかった。」の前である。

5場面を二つに分けます。教科書に線を入れなさい。また、その理由をノートに書きなさい。

これは、三つに分かれた。
①「興奮していながら、太一は冷静だった。」の前
②「もう一度もどってきても、瀬の主は全く動こうとはせずに太一を見ていた。」の前
③「水の中で太一はふっとほほえみ、口から銀のあぶくを出した。」の前
それぞれの理由。
①この前はクエの様子で、この後は太一の思ったことが書いてある
①この前は太一が見たクエの様子で、この後は太一が思ったことや様子が書いてある
②一回もぐって、二回目にもぐってきたから

②息が苦しくなってから、時間がたっているから
③「泣きそうになりながら」から「ふっとほほえみ」と感情が変化しているから
③「泣きそうになりながら」から「ふっとほほえみ」で、時間がたって感情が変化したから
意見が平行線をたどり、決着がつきそうになかったので、このまま保留にした。

(7) 場面ごとに要約を行い、各場面を読み取る

次に、場面ごとの要約を行った。

説明文の要約の場合は、二〇字以内と限定し、体言止めにさせ一〇点満点で評定した。

それに対して、物語文の場合は、「太一は」か「太一が」から書きはじめることとし、文字数も二〇字前後とした。

説明文は内容を正確に、かつ簡潔にまとめることが必要であるが、物語文はストーリーを過不足なくまとめればよしとした。ただし、キーワードが入っていなければならない。

> それぞれの場面の要約を示す。実際は、黒板に七~八人板書しているが代表的なものだけ示す。途中、場面の読み取りを適宜、挿入する。

〈1場面の前半〉
・太一は漁師になることが夢で海が好きだ。
キーワードを「太一・漁師・夢」とした。

〈1場面の後半〉

・太一の父は瀬の主にもりをさしたまま、水中でこときれていた。

・太一の父は海の中で瀬の主と戦い、水中でこときれた。

この後、「こときれる」とは、どういう意味ですかと聞いたところ、「息がとまって死ぬこと」とすぐに出た。

キーワードを「太一の父」・「瀬の主（クエ）」・「こときれる」とした。

〈第2場面〉

・太一は与吉じいさの弟子になり、海での生き方を学んだ。

キーワードを「太一・与吉じいさ・弟子」とした。

〈第3場面〉

・太一は与吉じいさに村一番の漁師だと言われた。

・太一は村一番の漁師になり、与吉じいさは海に帰っていった。

キーワードを「太一・村一番の漁師・与吉じいさ」とした。

〈第4場面〉

・太一はもぐり漁師だった父が死んだ瀬にもぐった。

キーワードを「太一・父の海（父・瀬）」とした。

ここで、次の言葉を扱ってみた。

・太一は興味をもてなかった。

・太一は興味をもたなかった。
このニつの文のちがいを説明しなさい。

次のような意見が出された。

・「もてなかった」は、もとうと思ってももてなかった、他のことに興味があったなどと意見が出された。

・「もたなかった」は、本当に興味がない。自分の意思で興味をもたなかったとなった。

その後、次のように聞いた。

太一は、なぜ興味をもてなかったのか。

・太一は、父が戦った瀬の主を探していた。だから、小さいクエははなから見向きもしない。
・父がつかまえようとした大きさのクエしか興味をもてないから。
・二〇キロぐらいのクエは、太一にとって小さいから。
・父がつかまえようとしたクエに興味があったから。

〈第5場面の前半〉

・太一は追い求めてきた父を破った瀬の主を見つけた。

キーワードを「太一・瀬の主・出会い」とした。

この場面では、比喩について扱ってみた。

クエで使われている比喩（たとえ）をノートにまとめなさい。

このようになった。

①クエの目を「青い宝石」にたとえている。
②クエの歯を「刃物」にたとえている。
③クエのひとみを「黒いしんじゅ」にたとえている。
④魚（クエ）を「岩そのもの」にたとえている。

その後、このように聞いた。

比喩表現を分析しなさい。

次のような意見が、次々と出された。

・岩そのものということで全く動かないということ。歯を刃物ということで、するどい歯というふうに表している。黒いしんじゅということで、丸いひとみということを言っている。クエの目を青い宝石ということできれいな目ということを表している。
・今まで見たことのない百五十キロ以上もの瀬の主を前に、瀬の主はどんな目をし、どんなひとみで太一を見つめているか、そして、ゴツゴツ岩のようなするどい歯をもったとても強くて怖いということを表すため。
・ひとみの「黒いしんじゅ」、目の「青い宝石」はクエの目がとてもおだやかできれいなことを表している。歯を「刃物」は、クエの歯のするどさを表している。魚を「岩そのもの」では、百五十キロをゆうにこえるくらいの大きさのイメージがわくようにするため。

〈5場面の後半〉

（5場面後半の部分を「水の中で太一はふっとほほえみ、口から銀のあぶくを出した。」の前までとして進めた）

・太一はクエをおとうだと思うことによって殺さずにすんだ。
キーワードを「太一・海の命（おとう・瀬の主）・殺さない」とした。

〈6場面〉

・太一は村のむすめとけっこんし、村一番の漁師であり続けた。
キーワードを「太一・村一番の漁師・あり続けた」とした。
ここで、続けて問いを出していった。

今から述べるような場面を限定した箇所は、研究授業に向いている。該当箇所を音読させたり、視写させたり、気持ちの変化を問うたりするとよい。

一連の流れを示す。

太一は、なぜ泣きそうになったのですか。

- 目の前にいる瀬の主、海の命をささなければ、本当の一人前の漁師になれないと思ったから。
- この魚をとれば村一番の漁師になれるけれど、おだやかな目で太一のことを見るので、殺す気持ちにはなれなかったから。
- 瀬の主をとらなければ一人前の漁師になれないけれど、おだやかな目で見られ、初めての感情になり、瀬の主を殺す気にならなかったから。

太一は、なぜふっとほほえんだのですか。

- 瀬の主をおとうと思うことによって殺さずにすんだから。
- 瀬の主を太一の尊敬する漁師のおとうと思うことで、殺さずにすんだから。

「おとう、ここにおられたのですか。」と書いてありますが、この「おとう」とは、何のことですか。

・瀬の主、父を破ったクエ、大魚、海の命

太一は、なぜクエをおとうと思ったのですか。

・村一番のもぐり漁師だった太一の父を破った緑色の目をしたクエは、とても強く、今、太一の目の前にいるクエは、まさしく父を破った「瀬の主」であることから、おとうを背負っているクエだと考えたから。
・クエをおとうと思うことにより、そのクエと戦うのは、父と戦っているのと同じことで、クエを殺さずにすむから。
・クエは海の中で一番大切なものだし、おとうも太一にとって一番大切な存在だから。

「海の命」とはどういうことですか。

命を辞書で調べさせた。「海で一番大切なもの」となった。

(8) 起承転結に分ける

以下のような要約のまとめを板書した。

1 漁師になりたい。

2　与吉じいさの弟子になった。
3　村一番の漁師になった。
4　父の海にやってきた。
5前半　瀬の主に出会った。
5後半　瀬の主を殺さずにすんだ。
6　村一番の漁師であり続けた。

次に、6場面を起承転結に分けさせることにした。まず、簡単に起承転結の意味を説明した。

起……話のはじまり
承……前の話を受けて続ける
転……話が変わるところ
結……話が終わるところ

この後、このように聞いていった。

起は何場面ですか。結は何場面ですか。転は何場面ですか。

起と結は、1場面と6場面とすぐに決まった。あとは、2場面から5場面までを分ければよい。承は

3場面までと4場面までとに分かれたため結論は保留にした。

(9) 太一の気持ちの変化を検討する

次に、クライマックスを聞くことにした。

クライマックスを特定する場面では、意見が分かれる。最も討論になりやすい。その時の様子を描写してみる。

太一の気持ちが今までと、ガラッと変わったところはどこですか。その文をノートに書きなさい。

次の三箇所が出された。

①追い求めているうちに、不意に夢は実現するものだ。
②これまで数限りなく魚を殺してきたのだが、こんな感情になったのは初めてだ。
③水の中で太一はふっとほほえみ、口から銀のあぶくを出した。

まず、それぞれ理由を言ってもらった。

代表的な意見を紹介する。

①太一の夢だった百五十キロをこえているクエを見たから。このクエを見つけたことで太一の気持ちが変わったと思ったから。
②太一は多くの魚を殺してきているのに、こんな感情になったのが初めてと書いてあるので、この時に太一の気持ちが変わったから。
③それまでは、目の前にいる「瀬の主」を殺さなければ、本当の一人前の漁師になれないと、自分に試練を出しているような感じだったけど、「水の中で」からは、この「瀬の主」は殺してはいけない「海の命」ということに太一は気付き、殺さずに済んだのはここだから。

これはちがう、というものがあれば言ってください。

①が反対された。
・「追い求めている」ということは、まだ気持ちが変わっていない。
・夢は実現するものだと、夢について書いてあるけど、太一の気持ちに関していることは書いてないから。
・追い求めていて夢は実現したけれど、あまりまだ太一の行動にも表れていないし、気持ちも変わっていない。
・①を選んだ二人から反論が出ない。①を消去することにした。

②と③のどちらで太一の気持ちがガラッと変わったのですか。

この時に、相手に対する反対意見、自分の意見に対する付け足しをノートに書かせた。指名なし発表が一〇人続いたところで、時間が終了。翌日、続きを行う。指名なし発表が一五人続いた。この時の感想である。

> 私はこの勉強で一番楽しかったことは、「指名なし討論」です。その中でも、反対意見を言うのがとても楽しかったです。だけど、自分とちがう意見の人がいること、同じ意見を持っている人がいることなど、いろいろなことがわかったので、おもしろかったです。要約ではよく似た考えがあるのでビックリしました。この勉強は、一年間の中で、一番楽しかったと思います。

さて、討論の様子を全部、載せることはできない。ノートから二人紹介する。

> ②に反対。なぜなら、この行（段落）では、太一が初めての瀬の主を前に思ったことであって、この行では、まだ殺さなければ一人前の漁師にはなれないので、瀬の主を殺そうと考えているから。それに、③では、瀬の主に笑顔をつくり、もう殺さないと決め、行動に表れているけど、②では初めての感情になっただけであり、気持ちが一変したということとは、別だと考えたから。

> ③に反対。「水の中で」のところは、まったく太一の感情が書かれていないから。「この魚を」で思うぐらいなら、とればいい話だけど、太一は魚をとらなかったから、もうその時点で、とること

をあきらめていると考えたから。「水の中で」のところは、もう別れのあいさつをしていると思うので、「水の中で」はちがう。「水の中で」のところは、太一の行動しか書かれていないからちがう。「本当の一人前の漁師にはなれない」と太一は泣きそうになりながら思っているけど、とることができないのは、もうあきらめているから。


最後は、指名なし討論ができたことを褒め、理由があればどちらでもよしとした。

ここで、保留にしておいた起承転結を簡単に扱った。

太一の気持ちが変わったのは、いずれにしても5場面であることからこのようにした。

起……1場面
承……2・3・4場面
転……5場面
結……6場面

(10)『海の命』の全文を要約する

次に、全文要約をすることにした。この年の実践では、モチーフを扱わずに全文要約を行った。

モチーフというのは、くり返し出てくる事柄のことだ。それは、各場面の要約文を見ればわかる。要約文の中でも、述語に注目する。しかし、モチーフはわかりにくいと判断した。

『海の命』では、全文要約をすればモチーフになると考えた。

また、全文要約する力をつけさせることも大事なことだと考えた。
次のものが板書された。特に文字数は指定しなかった。

- 海が好きな太一が漁師になって海の命と出会う話。
- 太一が漁師になりたいという夢をかなえて村一番の漁師であり続けた。
- 太一が父にあこがれて村一番の漁師となり、父が敗れた瀬の主と戦って、そこで海の命を感じる。
- 子どものころから夢だった漁師に太一はなり、村一番の漁師であり続ける話。
- 太一は子供の頃から夢だった漁師になり、父を破った瀬の主を見つけたことを生涯だれにも話さなかった。
- 太一が父といっしょに海に出るために、村一番の漁師になるという夢を追う話。
- 太一は村一番のもぐり漁師だった父を破ったクエに出会うが殺さずに済んだ。
- 太一は漁師になる夢をもち村一番の漁師になり瀬の主に出会い村一番の漁師であり続ける話。

ここでは、太一の漁師としての成長が簡潔にまとめられていればよい。
この後、「遊ぶ」と「帰る」の言葉の意味について簡単に聞いた。

- もう魚を自然に遊ばせてやりたくなっとる。
- 父がそうであるように、与吉じいさも海に帰っていった。

この中で使われている「遊ぶ」「帰る」とは、どういう意味ですか。

遊ぶは、「自然に泳がせる」「無理につかまえない」「自由にさせてあげる」となった。
帰るは、「海が自分の理想の場所」「与吉じいさや太一の父（おとう）たちの海は、自分の生きがいだった。それほど、海や漁師の仕事が好きだった」となった。

(11) 主題を考える

主題を扱うのは、『やまなし』について二回目だ。簡単に説明した。
「主題には登場人物は書きません。価値判断を表す言葉を入れます。大切だ、すばらしい、美しいなどです。また、書き出しは、人生とは、人間とはなどと書きはじめます。」

海の命の主題は何ですか。ノートに書きなさい。

ノートを見せに来た子から、どんどん板書させた。いくつか紹介する。

- 夢に向かって生きていくのは良いことだ。
- 海などの自然の物を大切にする気持ちはすばらしい。
- 夢を追い続け目標を目指すことは大切だ。
- 夢は追い続けてあきらめないことが大切だ。

・人生とは夢を追い続けることが大切だ。
・夢は追い続けるものであって、かなえるものではない。
・幼い時から自分の中にある夢は、あきらめず、努力することが大切である。
・夢に向かって努力することは大切だ。
・夢は追い求めていくことが大切だ。
・自分の夢を追い続けながら生きることこそが生きがいだ。
・夢をかなえることよりも、夢をあきらめずに生きることがすばらしい。

主題は、主題の形式に沿っていればどれでもいいとした。「夢を追い続けることは大切」「あきらめずに努力することが大切」などが多かったが、「自然を大切にすることは大切」というのもいくつかあった。これはこれでよしとした。最後に書いてある主題を考えたある子は、次のように言う。

夢をかなえたらうれしいけど、その夢をかなえるためにあきらめず努力したことの方が夢をかなえることよりもずっとすばらしいことだと思ったからです。

III章

授業記録の分析と解説

1 五年『わらぐつの中の神様』で何ができるようになったか

（1）何ができるようになったか

このような授業を行えば

①作品の構造や設定（時・所・登場人物）、主題など作品全体を扱う授業を行う。これらは、分析することが可能である。
②登場人物の気持ちを問うのではなく、気持ちの変化を問う。気持ちの変化なら特定できるし、話し合うことができる。
③「いつ好きになったのか」などと選択させる言葉で問えば、意見が分かれ討論になる可能性が大きくなる。
④意見を言う時には、教材文から引用すること、言葉を根拠にすることをくり返し指導する。

このようなことができるようになる

①作品全体を扱う授業を行えば、作品の構造がわかるようになり、作品を全体としてとらえることができるようになる。また、次の学習への蓄積が可能である。
②『わらぐつの中の神様』の実践を通して、子どもたちは書いてあることをもとにして、文章を引

用しながら自分の考えを論じることができるようになる。
③また、自分の意見を述べるだけでなく、相手の意見に対する反論も、文を根拠に述べることができるようになる。
④さらに、討論の授業を通して、自分の考え以外にも様々な意見があることを知り、他人の意見を聞くことの大切さを知るようになる。

(2)『わらぐつの中の神様』の指導の流れ

(1)全体の構造をつかむ。(「現在・過去・現在」の額縁型構造)
(2)設定を調べる。(登場人物・場所)
(3)主役は誰か話し合う。(主役と対役)
(4)マサエの気持ちの変化を話し合う。(マサエの気持ちはどのように変わったのですか。線を引きなさい/マサエの気持ちが変わったのはどこですか。線を引きなさい)
(5)おばあちゃんの気持ちの変化を話し合う。(おばあちゃんの気持ちは変化しましたか)
(6)おみつさんの人柄と、おみつさんの作ったわらぐつを比べる。(おみつさんと、おみつさんの作ったわらぐつを比べなさい)
(7)おみつさんは、わらぐつの何(どこ)を見ているか検討する。(おみつさんは、わらぐつの何(どこ)を見ていますか)
(8)大工さんは、わらぐつの何(どこ)を見ているか検討する。(だいくさんは、わらぐつの何(ど

こ）を見ていますか）
(9)大工さんは、いつ、おみつさんを好きになったのか話し合う。（大工さんは、いつ、おみつさんを好きになったのですか。線を引きなさい）
(10)おみつさんは、いつ、大工さんを好きになったのか話し合う。（おみつさんは、いつ、大工さんを好きになったのですか。線を引きなさい）
(11)主題を考える。（主題は何ですか）
(12)主題を考えた理由を発表する。（主題を考えた理由を発表してください）

ここからは、子どもたちがどのようなことができるようになったかを具体的に論じていく。

(3) 文を引用しながら説明できる

自分の意見を述べるときに、文を引用しながら述べることができるようになる。具体例を三つ挙げる。

ア　おみつさんの人柄と、おみつさんの作ったわらぐつを比べる場面

- おみつさんは、特別美しいわけじゃないけど、体がじょうぶでよく働く。
- わらぐつも、特別上手じゃないけど、きっちりあみこまれていてじょうぶ。
- 「特別美しくない」と「特別上手じゃない」がよく似ている。
- 「体がじょうぶでよく働く」と「きっちりあみこまれていてじょうぶ」がよく似ている。

これは、「特別美しくない」「特別上手じゃない」「体がじょうぶでよく働く」「きっちりあみこまれていてじょうぶ」という教材文中の言葉を引用しながら説明できている。

イ　おみつさんが、わらぐつの何（どこ）を見ているかを述べる場面

P15L4「やっぱり、わたしが作ったんじゃだめなのかなあ。」といいながら不細工なわらぐつを見つめた。だから、不細工なところを見ている。

P13L3「その代わり、上からつま先まで、きっちりと編みこまれていて、じょうぶなことはこの上なしです」のところは、おみつさんはわらぐつのことを、不格好だけれど、きっちりあんであって、じょうぶなことを見ている。

これは多くの子ができる。きっちりと引用し、引用した箇所の説明をすればいいからだ。引用のしかたは、事前に指導した。

ウ　大工さんが、わらぐつの何（どこ）を見ているかを述べる場面

P19L4のところで、大工さんは「いい仕事は見かけで決まるもんじゃなくて、使いやすくじょうぶで長もちするように作るのがほんとのいい仕事」と言っているから、大工さんは、わらぐつの

外見じゃなく、わらぐつの使いやすさじょうぶなところなどの部分を見ている。

この二つの例は、「〜のところは、〜ということだ」とか、「〜と言っているから〜だ」という文型を使っている。このような文型を身につけさせることも大切だ。

(4) 文を引用しながら自分の考えを構築できる

ア　おばあちゃんの気持ちは変化したか検討する場面

過去のおみつさんの考えとは変化している。P15L5に「『わたしが作ったんじゃだめなのかなあ。』おみつさんはがっかりして、不細工なわらぐつを見つめました。」と書いてある。このときは、わらぐつの中に神様がいるなんて思っていない。
あとになって、若い大工さんに「使う人の身になって、心をこめて作ったものには、神様が入っているのと同じこんだ」と教えてもらった。だから、おばあちゃんの気持ちは変化している。

これは、教材文中から二箇所を引用し説明している。「おばあちゃんの気持ちは変化した」は、少数意見だったが孤軍奮闘した。証拠を挙げているので説得力がある。

イ　大工さんが、いつ、おみつさんを好きになったか検討する場面

例えば、「このわらぐつ、おまんが作んなったのかね」のところだと言う子は、次々とこのような意見を述べた。

・「顔をまじまじと見つめ」ている。ふつうは、まじまじと見つめたりしない。
・「顔をまじまじと見つめて」から、「おまんが作ったのかね」と聞いている。買うのに、顔をまじまじとみない。
・顔をまじまじと見つめてから、「このわらぐつ、おまんが作んなったのかね」と聞いている。
・おみつさんが作ったことがわかって好きになった。まじまじ見るというのは、気になり出したということで、気になり出したということは好きになり出したということだから。

ここでは、「まじまじと見つめた」を引用しながら、「まじまじ」とはどういうことかを論じている。引用から一歩進めて、自分なりの思考を構築している。

(5) 相手の意見を踏まえて反論できる（④に反対する場面を例として）

※④とは、④P23L5「ふうん。だけど、おじいちゃんがおばあちゃんのために、せっせと働いて買ってくれたんだから、この雪げたの中にも、神様がいるかもしれないね」がマサエの気持ちが変わったとする意見に対してである。

・その前に納得しているから、「この雪げたの中にも神様がいるかもしれないね」と言った。

今の意見に反対です。

・質問していってだんだん納得していって、雪げたの中にも神様がいるとなった。

今の意見に反対です。

・「ふうん、そいで、おみつさん、お嫁に行ったんだ」のところで、そうなんだと思って、「そいで、大工さん、神様みたいに大事にした」と聞いて、神様はやっぱりいるんだと思った。

③に反対で、④に賛成です。

・③はただの質問で、④は自分の意思で言っているから。

④に反対です。

・「この雪げたの中にも」のところは「にも」と書いてある。これは、もう納得していて、「この雪げたの中にも神様がいる」と言っている。

・雪げたのことを言っている。わらぐつのことを言っているのではない。

・雪げたの中にも神様がいるというのは、雪げたのことを聞いて思った。わらぐつの中に神様がいることは、もっと前から納得していた。

今の意見に反対です。

・雪げたとわらぐつの中と、まとめて神様がいると言っている。

ここでは、「神様」と「神様みたい」のちがい、「雪げたの中には」と「雪げたの中にも」のちがい、「神様がいるかもしれない」と「神様がいる」とのちがい、「ふうん」の意味、「質問」と「意思」のちがい、前後の文脈からの考察など様々な意見が出された。また、前の人の意見を受けて、「○○さんの意見に反対です」と言って意見が続いた。

(6)主題の理由を文章から引用し、主題は、引用した文から離れることができる

仕事とは、使う人の身になって作るのが大切だ。

なぜなら、P19L6に「使う人の身になって、使いやすく、じょうぶで長持ちするように作るのが、ほんとのいい仕事ってもんだ」って書いてあって、使う人の身になって使いやすく、じょうぶっていうことがだいじかなあと思って決めました。


人生とは、うれしいこともあるし、悲しいこともある。

なぜなら、P15L3の「へええ、それ、わらぐつかね。おらまた、わらまんじゅうかと思った」の所で、おみつさんはその言葉で悲しかったけど、P16で大工さんが不格好なわらぐつを買ってくれたから、うれしかった。だから、人生は、うれしいこともあるし、悲しいこともある。


人や物は、見かけや形では、価値は決まらない。

理由。おみつさんは、不格好なわらぐつでは売れないと思っていたけど、大工さんが「このわらぐつは、じょうぶでいいわらぐつ」と言って、何度も買ってくれた様に、見かけや形が悪くても心をこめて作ったものは、いつかその良さをわかってくれる人が現れると思ったから。

主題を考えた理由を、「なぜなら」「理由」という言葉で説明している。ここでも、引用がされている。教材文を引用しながら主題を考えていることがわかる。そして、主題そのものは、教材文から離れ一般化している。

2 四年『ごんぎつね』の実践の解説──二つの提案──

『ごんぎつね』の実践記録の解説である。第Ⅱ章に、授業の概要を載せている。主張点は、主に次の三つである。

①『ごんぎつね』の実践を行うにあたり、左記の向山氏の二つの提案を実践した。
②『ごんぎつね』実践で要約指導はかなりの数ある。ここでは、さらに一歩進めて、「ごん」を主語として要約したものと、「兵十」を主語として要約したものを比べて検討した。
③くりを固めて置いたことの理由として、「ごんと兵十の位置関係」を根拠に挙げた。

(1) 向山洋一氏の提案

①の次の二つとは、具体的には、向山洋一氏の次の提案を指す。

- 時間があれば「見る」「目につきました」「目を落としました」のちがいについて考えさせる。
- 青いけむりはふれない。青いけむりにふれるなら白い着物と赤いひがん花にふれないわけにはいかない。色のイメージは、ここでは割愛する。

向山洋一著『国語の授業が楽しくなる』P56（明治図書出版）

向山氏が言うように、「見る」「目につきました」「目を落としました」のちがいについて考えさせた。また、白い着物と赤いひがん花、青いけむりなどの色のイメージを扱った。

(2) 大森修氏の提案

②の要約指導では、大森修氏の次の論文が参考になった。

『ごんぎつね』の授業を「気持ち読み」から脱却させる方法はないだろうか。ある。場面ごとに事件を一文にまとめさせる。この際、主語を同じにする。……今度は、兵十の立場で事件を一文にまとめさせる。……「兵十」の（2）から（5）を赤いチョークで囲って、「気がついたことがあったら言ってごらんなさい」と聞く。

（『国語教育』98年2月号P13大森修論文）

この大森氏の雑誌論文を読んだときは衝撃を受けた。今回、この大森実践を取り入れた。ごんと兵十の関係が、見事に浮き彫りになった。

(3)「ごん」と「兵十」の位置関係

③の「くりを固めて置くこと」を問う実践では、野口芳宏氏の次の論文が参考になった。

> ある教室で「なぜ固めて置いたのか」と問うた教師に対して、「投げこんだら音がする。音がすれば殺されるからだ」と答えた子があった。……私は鉄槌を食らった感じがした。……音がすれば殺されるからだ！　成程、その解の方が深い。
>
> (『国語教育』85年5月号P83野口芳宏論文)

本論文では、さらに、そのことの根拠を探させた。ポイントは、「ごんと兵十の位置関係」にあると考えている。すなわち、このことに気づかせたい。

> 兵十が物置にいる時には、家の中にくりを持っていっている。兵十が家の中にいる時は、物置にくりを持っていっている。これは、兵十に見つからないためである。兵十のいないところにくりを置いているのである。

さて、今回、『ごんぎつね』の実践を行うにあたり、一番参考にしたのは向山洋一氏の次の著作である。

> 向山洋一著『国語の授業が楽しくなる』(明治図書出版)「5ごんぎつね『かけよってきました』を読む」

『ごんぎつね』の6場面、「かけよっていく時、兵十は何を考えましたか」を中心として追試していった。その後の展開は、子どもたちの反応により、多少変化する。

次は、要約の問題について考える。一番参考にしたのは、次の大森氏の著作である。

大森修著『国語科発問の定石化』（明治図書出版）「私の『ごんぎつね』の授業」

大森氏はこのように書いている。

> 『事件4』は、みごとという位に二つに分かれた。
> A　兵十が火なわじゅうでごんをうった。
> B　ごんが兵十にうたれた。
> 私は「AとBの違いはなんですか」と聞いた。

本実践でも、1〜6場面を次々と要約していった。要約に要する時間はだんだん短くなっていった。「ごん」を主語とした要約文と、「兵十」を主語とした要約文を検討した。

実際の『ごんぎつね』の授業は、本書のⅡ章『ごんぎつね』の実践を参照していただきたい。

Ⅳ章

物語教材の発問のつくり方

1 物語教材の発問をどうつくるか

（1）見開き二ページで一〇〇の発問をつくる

物語教材の発問の基本は、Ⅰ章に示した基本型を使えばよいことになる。
作品全体を分析する分析批評の授業の流れを再掲する。

①設定を検討する。
②事件ごとに分ける。
③事件を要約する。
④起承転結に分ける。
⑤モチーフを検討する。
⑥クライマックスを検討する。
⑦主題を考える。

ただし、このとおり使う場合もあるが、作品により発問のしかたを変える場合があることもすでに、Ⅰ章で述べたとおりだ。

そうはいっても、基本型とは別に、作品に固有の発問も必要だ。その作品ならではの発問だ。その方が授業に奥行きが出てくる。知的で楽しい授業と言ってもいいかもしれない。

それでは、作品固有の発問をつくり出すにはどうしたらよいのか。

基本は、見開き二ページで発問を一〇〇つくることだ。玉石混交、何でもよいからとにかくつくることだ。

いや、最初は石ころばかりかもしれない。しかし、見開きで一〇〇もつくっていると、たまに、これはというものがつくれることがある。

そして、その発問を実際の授業や模擬授業で試してみることだ。そういう積み重ねでしか、良い発問はつくれない。

そのためには、すべての言葉を辞書で調べること、何度も何度も作品を読んでみることも必要だ。

(2) 一〇〇の発問の例──『やまなし』の前書きと後書き──

『やまなし』の次の部分で、発問を一〇〇つくってみた。そして、その中のいくつかを実際に授業で使ってみた。この部分である。

やまなし
宮沢賢治

小さな谷川の底を写した二枚の青い幻灯です。
一　五月
二　十二月
私の幻灯は、これでおしまいであります。

これらの発問である。

1 題名は何ですか。
2 『やまなし』を漢字に直しなさい。
3 題名を『やまなし』にしたのはなぜですか。
4 題名を「かわせみ」にしなかったのはなぜですか。
5 「かわせみとやまなし」という題ではだめなのですか。
6 「やまなし」とは何ですか。
7 やまなしは、どこに見られますか。
8 やまなしは、何月に実がなるのですか。
9 「やまなし」は「なし」より大きいですか。小さいですか。
10 他に、「やま○○」とついた果物にはどんなものがありますか。
11 「かわせみ」とは何ですか。
12 かわせみはどんなところに住んでいるのですか。
13 かわせみは何を食べて生きているのですか。
14 「やまなし」は、何月の方に出てきますか。
15 「かわせみ」は、何月の方に出てきますか。
16 作者は誰ですか。
17 宮沢賢治には、他にどんな作品がありますか。
18 宮沢賢治は何県出身ですか。

19 谷川とはどんな川ですか。
20 谷川はどこにありますか。
21 谷川は上流にあるのですか。中流にあるのですか。下流にあるのですか。
22 谷川は大きいのですか。小さいのですか。
23 水の流れは急ですか。ゆるやかですか。
24 谷川の底とは、谷川のどの部分ですか。図に表しなさい。
25 他に、「〇〇の底」という言葉を挙げなさい。
26 水の深さはどれくらいですか。
27 幻灯とは何ですか。
28 幻灯は、今でいうと何になりますか。
29 「うつす」を三通りの漢字で書きなさい。
30 「写す」と「映す」とでは、どのようにちがいますか。
31 「幻灯を映す」と書かず、「幻灯を写す」と書いたのはなぜですか。
32 「幻灯を映す」と「幻灯を写す」では、どうちがいますか。
33 どこを写した幻灯ですか。
34 幻灯は何枚あるのですか。
35 何月と何月を写した幻灯ですか。
36 幻灯を写しているのは誰ですか。
37 幻灯には何が写っているのですか。

38 何月の谷川の底を写したものですか。
39 幻灯の色は何色ですか。
40 なぜ幻灯の色は青いのですか。
41 「幻灯」と「青い幻灯」では、どうちがいますか。
42 「青」からどんな感じをもちますか。
43 「青」の字は、何と何からできた漢字ですか。
44 「青」を部首とした漢字にはどんなものがありますか。
45 「青」を使った熟語にはどんなものがありますか。
46 「青い幻灯」からどんな感じがしますか。
47 この幻灯は誰の幻灯ですか。
48 スクリーンはどこにあるのですか。
49 「わたしの幻灯」とはどういうことですか。
50 「わたしの幻灯」をくわしい言葉に直すと、何通り考えられますか。
51 「わたしの幻灯」のように、○○の△という言葉をつくってみなさい。
52 「○○の△」には、どんな使い方がありますか。
53 「の」にはどんな意味がありますか。
54 五月からどんな感じを受けますか。
55 十二月からどんな感じを受けますか。
56 五月の季節は何ですか。

57 十二月の季節は何ですか。
58 五月の話者はどこから見ていますか。
59 十二月の話者はどこから見ていますか。
60 前書き・後書きの話者と五月・十二月の話者は同じですか。ちがいますか。
61 五月と十二月の他の月ではだめなのですか。
62 五月と十二月で何を描きたかったのですか。
63 五月の世界で、いきなり飛びこんできたものは何ですか。
64 「十二月の世界」に落ちてきたものは何ですか。
65 「五月の世界」はどんな世界ですか。一言で言いなさい。
66 「十二月の世界」はどんな世界ですか。一言で言いなさい。
67 「これで」の「これ」は、何を指していますか。
68 最初の一行目を何といいますか。
69 最後の一行目を何といいますか。
70 前書きと後書きがないと、どんな感じがしますか。
71 前書きと後書きがあると、どんな効果がありますか。
72 前書きと後書きは、何人称視点ですか。
73 前書きと後書きの話者は誰ですか。
74 「前書き・本文・後書き」のような構造を何といいますか。
75 「本文」は、何月と何月のことを写していますか。

76 このような構造の物語は、他にどんなものがありますか。
77 このような構造の映画には、どんなものがありますか。
78 五月と十二月は、何人称視点ですか。
79 「前書きと後書き」と「五月・十二月」の視点は同じですか。ちがいますか。
80 五月と十二月は、限定視点ですか。客観視点ですか。
81 「おしまいであります」と「おしまいです」では、どのようにちがいますか。
82 「おしまいであります」をふつうの言葉に直しなさい。
83 「おしまい」と同じ意味の言葉は何ですか。
84 「おしまい」の反対の意味の言葉は何ですか。
85 「やまなし」と「かわせみ」のちがいは何ですか。
86 「やまなし」と「かわせみ」の同じところは何ですか。
87 「五月」と「十二月」の世界で対比されているものは何ですか。
88 「五月」と「十二月」の世界で同じものは何ですか。
89 「五月」を象徴するものは何ですか。
90 「十二月」を象徴するものは何ですか。
91 「五月の世界」は、一日のうちのいつ頃ですか。
92 「十二月の世界」は、一日のうちのいつ頃ですか。
93 「やまなし」は何を象徴していますか。
94 「かわせみ」は何を象徴していますか。

95 突然の死が襲ったのは何月の方ですか。
96 生を全うできたのは何月の方ですか。
97 かにの親子は「五月」と「十二月」の世界のどちらの世界が好きですか。
98 あなたは「五月」と「十二月」の世界のどちらが好きですか。
99 作者はどちらの世界を理想としているのですか。
100 また、その理由は何ですか。

これで一〇〇問である。五月と十二月の内容に少し触れている問題もあるが、何とか一〇〇問つくった。このような作業を通してしか発問はつくれないと思っている。

2 基本型を他教材に応用する――『スイミー』を例にして――

(1)『スイミー』で作品全体を分析する分析批評の授業を行う

ここでは、作品全体を分析する分析批評を、低学年の教材である『スイミー』に応用する例を示す。

全体の流れは、次のように基本型どおりとした。

①設定を検討する。
②事件ごとに分ける。

③事件を要約する。
④起承転結に分ける。
⑤モチーフを検討する。
⑥クライマックスを検討する。
⑦主題を考える。

ここでは、計画案を示す。
サークルでの模擬授業や冬のTOSSデーなどでは試してみた。
この授業案の使い方は、大きく分けて二通りある。

①実際に、二年生に試してみる。用語などは易しい言葉に言い直して使う。あるいは、部分的に採用する。
②高学年（五・六年生）で、二時間程度で行ってみる。作品全体を分析する分析批評の授業の練習になる。

（2）『スイミー』の授業案

ア　全文音読（スイミーを音読します。読み終わったら座ります。全員、起立）
イ　設定を検討する（いつの話ですか。どこの話ですか。登場人物は誰ですか）
いつの話……ある日

どこの話……広い海のどこか
登場人物（※登場人物とは、このお話に出てくるものすべて）
小さな魚のきょうだいたち、スイミー、まぐろ、小さな赤い魚たち、くらげ、いせえび、みたこともない魚たち、こんぶやわかめ、うなぎ、いそぎんちゃく（からす貝、ゼリー、水中ブルドーザー、ドロップ、やしの木はちがう）
ウ　主役は誰ですか。対役は誰ですか。（主役とはそのお話の中で一番重要な人物、主題をになっている人物）（対役とは、主役の今までの考えを変えさせる人物）
主役……スイミー
対役……「小さな赤い魚たち」と「まぐろ」に意見が分かれるだろう。
それぞれに意見を発表させる。
エ　事件はどこからはじまりますか。
「ある日」
オ　事件はいくつありますか。また、どこで分けますか。
以下の四つ。
①Ｐ48・Ｐ49（「ある日。おそろしいまぐろが、」から「とてもかなしかった。」まで）
②Ｐ50・Ｐ51（「けれど、海には、」から「もも色のやしの木みたいないそぎんちゃく。」まで）
③Ｐ52～Ｐ54Ｌ7まで（「そのとき、岩かげにスイミーは」から「みんな、もちばをまもること。」まで）
④Ｐ54Ｌ8～Ｐ55Ｌ4まで（「みんなが、一ぴきの大きな魚みたいに」から最後まで）

カ　それぞれの事件を要約しなさい。
（※「スイミーは」または「スイミーたちは」で書きはじめます。二五字以内で要約します）
①スイミーはまぐろからにげ、小さな魚は食べられた。（24字）
②スイミーはおもしろいものを見て元気になった。（22字）
③スイミーは大きな魚のふりをして泳ぐことを教えた。（24字）
④スイミーたちは大魚のふりをして大魚をおい出した。（24字）
キ　起承転結に分けなさい。（起……はじまる。承……うけつぐ。転……あれっ。結……なるほど）
①P48・P49……起
②P50・P51……承
③P52〜P54L7まで……転
④P54L8〜P55L4まで……結
ク　モチーフは何ですか。（モチーフとはくり返し出てくる事柄のこと）
スイミーの成長、スイミーと小さな魚たちとの協力、スイミーの知恵など。
ケ　クライマックスはどこですか。線を引きなさい。
（クライマックスとは、それまで一貫して変わらなかったことが、一つの文章で大きく変化したところ）

ここは、いろいろ考えられる。次のものが候補となるだろう。
①なんとか考えなくちゃ。
②スイミーは考えた。

③スイミーはさけんだ。
④みんないっしょにおよぐんだ。海でいちばん大きな魚のふりをして。
⑤スイミーは教えた。
⑥ぼくが目になろう。

この後、「人数の確認をする。理由を発表させる。反対意見を発表させ二つに絞る。討論する」と進めていく。

コ　主題は何ですか。（作品の中心になっている考え）

主題もいくつか考えられる。（「人は」とか「生きるとは」とか「世の中は」とか一般化して書く）
①一人ひとりの力は弱くても、協力すれば強いものに勝つことができる。
②リーダーとは危険に立ち向かい、大勢の人を安全に導くものだ。
③人というものは困難に出会っても、知恵を働かせて生きていくものだ。

（3）分析の技術は蓄積される

このようにして、作品全体を分析する分析批評の授業の基本型を身につけると、他の作品でも応用が可能となる。

分析の技術は蓄積されるのである。分析批評の用語を身につければ他の作品でも応用できるのである。単に気持ちを想像させるだけの授業、言葉をなぞるだけの授業、わかりきったことをおうむ返しに聞く授業では、学習の蓄積がなされることはない。

文学を学校で授業するからには、学習の蓄積がなければならない。読んで感想を言い合うだけなら、家や図書館で本を読めばよい。もちろん、このような読書も必要である。

しかし、学校で、国語の授業として勉強するのなら、物語をどのようにして読むのか、どのようにして分析し批評するのかを学ばなければならない。

ところで、分析批評は、作品全体を分析する分析批評の授業だけではない。

冒頭に述べたように、「分析批評の授業」を粗く分類すると二つある。

A　個々の批評用語を手がかりに作品分析したもの。
B　作品全体を分析したもの。

今回、提案したのはBの作品全体を分析したものである。

もちろん、Aの個々の批評用語も必要である。その主なものは、「視点・話者・対比」である。これらの用語も、実は、本書の中で何度も使っている。だから、両方、行ったと言ってもよい。

ただし、本書の中心となるものは、もちろんBの方である。

これらの分析の技術は、他の作品を読むときにも役に立つはずだ。中学でも高校でも役に立つ。いや、大人になっても役に立つはずだ。

学校では、このような技術をこそ習得させたい。

おわりに

本書に所収した有名物語教材の授業実践は、次の通りである。

二〇一〇年度……四年『ごんぎつね』

二〇一一年度……五年『わらぐつの中の神様』『大造じいさんとガン』

二〇一二年度……六年『やまなし』『海の命』

今まで何度も実践してきた有名物語教材であるが、その中で、自分にとって一番最近の実践を載せている。四年、五年、六年と持ち上がって実践したものである。

一学年六クラスの大規模校であり毎年クラス替えがあるため、二年続けて持ち上がった児童はクラス全体の六分の一ほどである。そのため、持ち上がりというより、一年ごとに新しいクラスを担任したという感が強い。しかし、そうした条件でも作品をコード（解釈規則）によって分析する方法ならば、学習を積み上げていくことの手応えを感じた。

分析批評の用語も、子どもたちに少しずつ浸透していった。事件やクライマックス、主題などの用語にも徐々に慣れてきた。

また、発言する内容も長くなり、ここにこう書いてあるからこうだとか、書いてあることをもとに論を組み立てたりすることができるようになってきた。このような学習の技能が身につくことも、コードを身につけたからだろう。

ところで、有名物語教材の授業記録は、軽重の差はあるものの、ほぼ毎年とり続けてきた。記録をとることにより多くのことを発見することができた。

例えば、発問の善し悪し。発問が良いと様々な意見が出されるが、発問が良くないと子どもたちの反応もよくない。意味がわからないという顔をされたり、一問一答で終わったりしてしまう。

また、子どもたちの考え方にも多くのことを学んだ。教師の予想を超える意見が出されることもあれば、子どもたちはこんなふうに考えるのかと意外に思ったこともある。

さらに、教師の対応にも多くのことに気づかされた。ここでなぜ教師の解釈を言ってしまったのかと悔やんだことや、子どもの意見に対して、なぜもっと問い返して考えを深めさせなかったのかということである。

ところで、授業記録の多くは、サークル機関誌『愛知塾』に掲載したり、応募論文としてまとめたりしたものである。これらの授業記録や応募論文をもとに、教材研究のしかたや研究授業の進め方について論じていった。

すべて授業実践をくぐらせたものだ。子どもの事実をもとに主張している。これが本書の最大の特長である。

このような提案ができたのも、子どもたちとの出会いがあったからだ。すべての子どもたちに感謝したい。

また、TOSS代表の向山洋一氏には、分析批評の授業の進め方や原稿の書き方についての指導を受けた。学芸みらい社の青木社長からは何度も励ましの言葉をいただいた。感謝の気持ちでいっぱいである。

本書は、作品全体を分析する授業の提案である。また、研究授業の組み立て方の提案である。

ぜひ、教室で実践していただき、忌憚のないご意見をいただきたい。

二〇一三年五月　　平松孝治郎

◎監修者紹介

向山 洋一（むこうやま　よういち）

東京生まれ。68年東京学芸大学卒業後、東京都大田区立小学校の教師となり、2000年3月に退職。全国の優れた教育技術を集め、教師の共有財産にする「教育技術法則化運動」TOSS（トス：Teacher's Organization of Skill Sharingの略）を始め、現在もその代表を務め、日本の教育界に多大な影響を与えている。日本教育技術学会会長。

◎著者紹介

平松 孝治郎（ひらまつ　こうじろう）

1956年福井県生まれ。奈良教育大学教育学部卒業。公立小学校教員を30年以上勤める。明治図書より『向山型国語で低学年国語の基礎学力をつける』『向山型国語で中学年国語の基礎学力をつける』『向山型国語で高学年国語の基礎学力をつける』の3部作などを出版する。民間教育団体TOSS会員。サークル機関誌『TOSS愛知塾』編集長。日本教育技術学会会員。

GAKUGEI MIRAISHA

「国語《こくご》有名《ゆうめい》物語《ものがたり》教材《きょうざい》」の教材《きょうざい》研究《けんきゅう》と研究《けんきゅう》授業《じゅぎょう》の組《く》み立《た》て方《かた》

2013年8月1日　初版発行
2018年2月20日　第2版発行

監修者　向山洋一
著　者　平松孝治郎
発行者　小島直人

発行所　株式会社 学芸みらい社
〒162-0833 東京都新宿区箪笥町31番 箪笥町SKビル
電話番号 03-5227-1266
http://gakugeimirai.jp/
E-mail：info@gakugeimirai.jp

印刷所・製本所　藤原印刷株式会社
カバーイラスト　水川勝利
装　丁　荒木香樹

ISBN978-4-905374-22-0 C3037

学芸みらい社の既刊

日本全国の書店や、アマゾン他のネット書店で注文・購入できます!

子どもを社会科好きにする授業

向山洋一 監修
谷 和樹 著

A5判　176ページ　定価:2100円(税込)

社会科授業実践のコツとテクニック!!

日本の国を愛し、誇りに思う子どもたちを育てるために、いま、日本では熱い「社会科教育」が最も求められている!　TOSS(教育技術法則化運動)のリーダーの新刊!　「文部科学省新指導要領」「東日本大震災をどう教えるか」「ADHD等発達障害の子を含めた一斉指導」「最先端のICTを使う授業」対応。

子どもが理科に夢中になる授業

向山洋一 監修
小森栄治 著

A5判　176ページ　定価:2100円(税込)

理科は感動だ!目からウロコの指導法!!

今すぐ役に立つ、理科授業の最先端・小森先生の実践とコツを大公開!!　「文部科学省新指導要領」完全対応!／「化学」「物理」「地学」「生物」「総合」「授業づくり」に分類!／見開き対応で読みやすく授業中にすぐ使える!／「ワンポイントアドバイス」「エピソード」で楽しさ倍増!

先生も生徒も驚く
日本の「伝統・文化」再発見

松藤 司 著

A5判　176ページ　定価:2100円(税込)

日本の「伝統・文化」はこんなに面白い!!

日本の文化を教えてください!……と外国人に問われたら?

日本の文化を知らない大人が増えている!　日本の素晴らしい伝統・文化を多くの人々、とりわけ日本の未来を担う子どもたちや学生に伝えていくために、日本のすべての教員や大人にとって必読・活用の書。未来を担う子どもたちや学生に伝えよう!

学芸みらい社の既刊

日本全国の書店や、アマゾン他のネット書店で注文・購入できます!

世界に通用する伝統文化 体育指導技術

根本正雄 著　　A5判　192ページ　定価:1995円(税込)

楽しい授業づくりの原理とは!?

目を輝かせ、生き生きと活動する子どもを育てたいと願った。教育の目的は人づくりである。生きていることに、自信と喜びを持つ子どもを育てたかった。　よさこいソーランを世界に伝える／逆上がりは誰でもできる／楽しい体育の授業づくり／子どもが輝く学級づくり／地域との連携を図る学校づくり／私を鍛えてくれた子どもたち

全員達成! 魔法の立ち幅跳び

「探偵!ナイトスクープ」のドラマ再現

根本正雄 著　　A5判　176ページ　定価:2100円(税込)

人生は立ち幅跳び!

5㎝しか跳べなかった女性が143㎝も跳んだ。その指導過程を全国の学校で実践した大成果!!　番組では紹介されなかった指導過程を公開。人間の持っている可能性を、自らの力で引出し、生きていくことの喜びを体現してほしい。「探偵!ナイトスクープ」の体験から、授業プランを作成、全国の学校で追試・実践した!!

向こうの山を仰ぎ見て

自主公開授業発表会への道

阪部 保 著　　A5判　176ージ　定価:1785円(税込)

授業を中心とした校長の学校づくりとは!

こんな夢は、校長だから見ることが出来る。勝負はこれから。立ち上がれ!　舞台は整った!　本物の教育者とは?　本物の授業をみせること!　本物の授業者を目指す志士たちへ――。これは、高い峰に設定した自主公開授業発表会に漕ぎつけた楽しいタタカイの記録である。

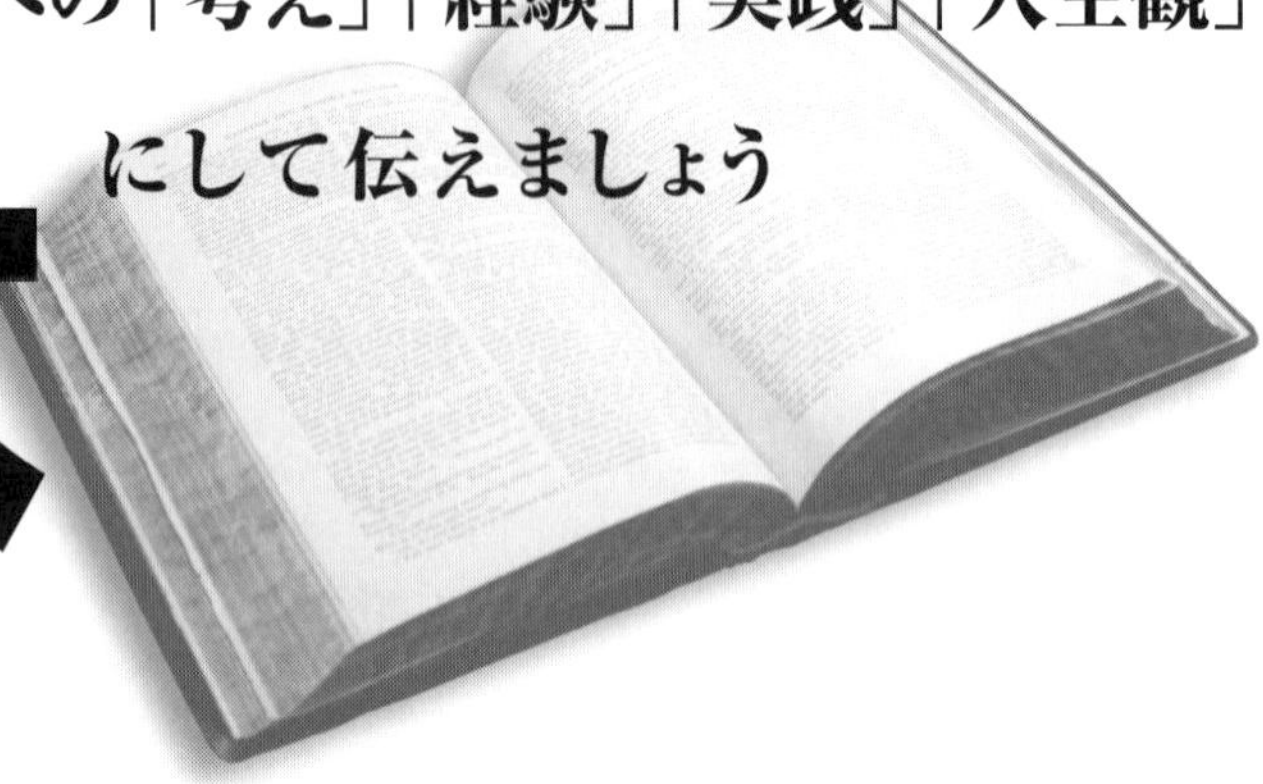